SPRACHFEUER

Eine Anthologie moderner
indonesischer Lyrik

SPRACHFEUER

Herausgegeben von
Berthold Damshäuser und Agus R. Sarjono

Aus dem Indonesischen von Berthold Damshäuser

Inhalt

Grußwort
Goenawan Mohamad

Vorwort
Agus R. Sarjono

Amir Hamzah
-
Sehnsucht II
Immer höher
Dir allein
Denn du
Gebet
Wieder hinab auf die Erde
Ich ertrinke

Subagio Sastrowardoyo
-
Die erste Kugel
Nawang Wulan
Genesis
Dank an den Morgen
Ich spreche mit heiserer Stimme
Geburt eines Gedichts
Das Wort

Ramadhan K.H.
-
Priangan, herrliches Land

Toto Sudarto Bachtiar
-
Hauptstadt der Dämmerung
Nokturno
Über die Freiheit
Bettelmädchen
Die Finger
An einen Toten
Gesicht

34

Trisno Sumardjo
-
Bungur und Edelweiß
Am Rande des Reisfelds
New York
Vergänglich
Gebet
Die Uhr
Abendrot, mein Abendrot

44

Chairil Anwar
-
Ich
Der Garten
In der Moschee
Leb' wohl
Freiheit
Jesus
Eine Geschichte für Dien Tamamela
Pakt mit Bung Karno

54

Sitor Situmorang
-
Morgendliches Feld
Der verlorene Sohn
Für Oscar Mohr
Musik der Nacht
Ich schließe die Fenster
Insel
Strand
Weimar

92

Toeti Heraty
-
Männer
Dunkle Momente
Jetzt erst verstehe ich
Schluss
Der einsame Fischer
Silvesterfeier
Post-Scriptum
Gebet

102

Rendra
-
Die Predigt
Schwanengesang
Huren Jakartas, vereinigt euch!

116

Taufiq Ismail
-
Warten
Dieses Formular
Was wäre, wenn
Gebt mir Indonesien zurück!
Auf der Suche nach einer Moschee

126

Wing Kardjo
-
Quelle
Schnitte
Ich schreibe sie nieder
Schnee
in Nest
Macbeth
Über den Mond

136

Ajip Rosidi
-
Zwischen uns
Tretes bei Nacht
Abbild
Die Jahre ziehen dahin
Hier gilt nicht mehr die Dimension
  der Zeit
Unauslotbares Meer
Die Schlange
Nebel
Über dem Nebel
Parabel

148

Sapardi Djoko Damono
-
Wer bist du?
Prolog
Sonett: X
Im Gebet: II
Distanz
Variationen an einem Morgen
Über die Sonne
Die Klinge
Das Ohr
Ein Herr
Das Papierschiffchen
Irgendwo in meinen Adern
Die Schuhe
Ich will

196

Abdul Hadi W. H.
-
Aus dem letzten Fragment des Syeh
  Siti Jenar: Vor der Hinrichtung
Du wartest auf die Zeit der Dürre
Hotel
Einsam
Tief in der Nacht, Hamburg im
  Sommer
La Condition Humaine
Aus Tawangmangku
Herr, wir sind uns so nah
Meine kleine Schwester
Wieder keine Antwort

210

Hamid Jabbar
-
Der Tanz des Geldes

216

Afrizal Malna
-
Channel 00
Die Straßen schrein
Die Bananenstaude am Flussufer
Das zerbrochene Mikrofon
100 Jahre lang war Adam davon
  überzeugt, ein Mensch zu sein
Dada
Unser Mädchen
Im Münster
Die blaue Katze
Die Kette meines Freundes

164

Goenawan Mohamad
-
Herbst-Vierzeiler
Schlaflied
Kälte, nicht messbar
Vierzeiler auf ein Gefäß aus Ton
Gataloco
In dieser Stadt, so heißt es, ist der
   Regen zu Metall geworden
Hochzeitsnacht, Kopenhagen
Möglicherweise hab' ich deinen
   Namen ausradiert
Zagreb

176

Sutardji Calzoum Bachri
-
Stein
Q
Herman
einmesserhie
Komm
Pott
Ich blute
Miau
Stellt euch mal vor
Shang   Hai
Gebet
Die Katze

190

Darmanto Yatman
-
Testimonium
Leer ist es hier
Abenddämmerung: Blick aus dem
   Fenster meines Zimmers
Es geschah, als die Sonne ins Leere
   griff

228

Acep Zamzam Noor
-
Der Gesang des Taus
Wind und Fels
Wie lang noch
Requiem
Fluss und Mündung
Herbstliches Gespräch
Sacré-Cœr
Ein freches Gedicht
Ich meißel deinen Leib
Du weißt es

240

Nirwan Dewanto
-
Das lila Schwein
Der Elefant von Celebes

244

Soni Farid Maulana
-
Blätter
Der Tod
Regen
Katharsis
Das Leichentuch
Nach dem Regen
Ich hör die Kinder beten
Das Licht im Nebel
Ein Lied
Trunken

256

Joko Pinurbo

-

Im Kühlschrank: dein Name
An einem Irgendwo
Kobolde
Heimkehr
Begleite mich bitte ins Bad
Das Oder
Ich lege Eier
Was das Geld mir auftrug
Fast
Der Soldat

268

Agus R. Sarjono

-

Rendezvous
Heimliche Notizen
Das Land der Illusionen
Gedicht des Bauernsohns
Eine Geschichte aus dem Land der heißen Luft
Regentränen
Demokratie der Dritten Welt
Auf der Mirabeau-Brücke
Celan
Trakl

282

Dorothea Rosa Herliany

-

Vermählung, scharf wie ein Messer
Ein surrealistisches Bild
Aufzeichnungen, schwarz auf weiß
Der Baum, den ich pflanzte
Ein Radio, ich schalte es aus
Vermählung einer Hure ohne Körper
Die alte Stadt
Aus dem Tagebuch der Ehe
Brief an Loren
Wer schreitet auf dem Licht?

332

Nachwort des Übersetzers
Berthold Damshäuser

336

Anmerkungen zu den Lyrikerinnen und Lyrikern

294

Sitok Srengenge
-
Raum
Kriegstanz der Liebe
Osmose des Ursprungs
Prometheus
Ein Gast
Du und du selbst
Lied des Herbstes
Ich las deinen Leib
Liebe niederschreiben
Wir werden

306

Jamal D. Rahman
-
Ein Geschenk zum Geburtstag
Die Steine werden immer ewiger
Nur Wogen verhieß jene Mündung
An jener Pforte
Söhne des Tabaks
An der kargen Steilwand
Die Wunde vermag nicht, den Schmerz aufzunehmen
O Blau, das meine Seele auf den Boden schleudert
Und Weihrauch duftet dann am Mast des Alters
Selbst unsere Tränen werden dann verbrennen

318

Nenden Lilis Aisyah
-
Die Schritt vor meinem Zimmer
Gedicht über Türen
Verzaubertes Land
Sie ging den unbekannten Weg
Wie eine Feuersbrunst in einem Wald
Das Flussbett voller Steine
Die Späherin
Nightmare
Gedicht über ein Haus
Der Vorbote des Todes

Grußwort

Goenawan Mohamad

Ein Gedicht kann sein wie eine Flaschenpost, die den Wellen übergeben wurde.

Paul Celan hat dieses Bild benutzt und uns darauf hingewiesen, dass wir, die jene Post ins Meer werfen, dies nicht immer in großer Hoffnung tun. Doch gibt es einen Hauch von Überzeugung, dass der Brief in der Flasche an Land gespült und dann an irgendeinen Ort gelangen werde.

Wohl keiner der indonesischen Dichterinnen und Dichter, deren Werke in dieser Anthologie enthalten sind, hätte zu hoffen gewagt, dass die in der eigenen Sprache verfassten Worte einmal an Land gespült und einmal bei Ihnen ankommen würden; dort in der Ferne, bei Ihnen in Deutschland. Doch findet jetzt die Frankfurter Buchmesse statt, und Indonesien ist ihr Ehrengast: Bücher treffen auf Bücher, als Ware, aber auch als Ausdruck der Seele. Austausch und Dialog finden statt, zwischen den Völkern.

Und in all diese Geschäftigkeit drängen sich nun Gedichte: als unsichtbare Expression, die doch just auf diese Weise *ein ansprechbares Du* (Paul Celan) zu finden in der Lage ist.

Ich glaube, dass Sie dieses *Du* sind.

Und deshalb erlaube ich mir, Ihnen diese Anthologie moderner indonesischer Lyrik im Namen des Nationalen Komitees für die Vorbereitung des Auftritts Indonesiens als Ehrengast der Frankfurter Buchmesse 2015 zu widmen.

Mein Dank gilt Berthold Damshäuser, der seine deutschen Übertragungen indonesischer Gedichte für dieses Buch zur Verfügung gestellt hat, sowie dem regiospectra Verlag für die Veröffentlichung dieses schönen Buches.

Goenawan Mohamad
Lyriker
Vorsitzender des Nationalen Komitees für die Vorbereitung des Auftritts Indonesiens als Ehrengast der Frankfurter Buchmesse 2015

Vorwort

Agus R. Sarjono

Feuer der Sprache

Moderne indonesische Lyrik vor
dem Hintergrund historischer
Entwicklungen

Lyrik ist seit jeher fest in den literarischen Traditionen Indonesiens verwurzelt, und das gilt natürlich auch für die Zeit, in der es den 1945 gegründeten Staat Republik Indonesien noch nicht gegeben hat. In allen indonesischen Literaturen, in Hunderten von Sprachen, spielt das Gedicht eine besondere Rolle, sowohl in den mündlich als auch in den schriftlich tradierten. Überall wurden Gedichte bei den unterschiedlichsten Gelegenheiten vorgetragen oder vorgesungen, und in den schriftsprachlichen Literaturen, zum Beispiel der malaiischen, javanischen, sundanesischen oder balinesischen, diente es zudem als schriftlich fixierte Selbstexpression der Dichter, insbesondere zur Beschreibung ihres Erlebens des Göttlichen beziehungsweise der Religion. Auch die großen klassischen Epen des indonesischen Archipels, zum Beispiel das javanische *Arjunawiwaha* oder das buginesische *I La Galigo*, weisen lyrische Passagen auf und sind in Versform verfasst.

Im 16. Jahrhundert schrieb der aus Aceh auf Sumatra stammende Hamzah Fansuri Gedichte in malaiischer Sprache, also der Sprache, die heute Nationalsprache Indonesien ist. Die Gedichte des berühmten Sufi-Meisters sind ein früher Beleg für ein dichterisches Ringen mit der malaio-indonesischen Sprache und zugleich ein Ausdruck für eine individuelle Auseinandersetzung mit Gott. In einem seiner Gedichte heißt es:

Hamzah Fansuri ist versunken
Im tiefen, tiefen Meer ertrunken
Wind und Wellen hielten ein
Nun kann er beider Welten Herrscher sein[1]

✦ ✦ ✦ ✦

Andere große Dichter des indonesischen Archipels sind der Javaner Ronggowarsito, der Malaie Raja Ali Haji und der Sundanese Haji Hasan Mustapa, die allesamt im 19. Jahrhundert lebten. In einem der bekanntesten mystischen Verse des Letztgenannten heißt es:

Auf der Suche nach Norden:
Süden, immer wieder nur Süden;
Auf der Suche nach Süden:
Norden, immer wieder nur Norden;
Auf der Suche nach Westen:
Osten, immer wieder nur Osten.

✦ ✦ ✦ ✦

---

1   Die in diesem Vorwort zitierten deutschen Übertragungen indonesischer Gedichte stammen von Berthold Damshäuser.

Hinduismus und Buddhismus hatten großen Einfluss auf die Schriftkulturen des indonesischen Archipels. Gleiches gilt für den Islam bzw. die arabisch-persische Literatur. Literarische Formen wie *syair* (Gedicht) und *hikayat* (Erzählung) belegen dies. Ronggowarsito, Haji Hasan Mustapa und Raja Ali Haji stehen stellvertretend für all die Dichter des indonesischen Archipels, welche in der niederländischen Kolonialzeit Werke schufen, in denen sie Elemente fremder Kulturen verarbeiteten, ohne dabei an Originalität einzubüßen.

In den ersten Jahrzehnten des 20. Jahrhunderts begannen die Niederländer damit, in ihrer Kolonie die sogenannte »Ethische Politik« umzusetzen, die insbesondere darin ihren Ausdruck fand, dass Indonesiern das Recht auf eine schulische Ausbildung gewährt wurde. In der Praxis kam dies allerdings nur den Kindern der Elite bzw. des Adels zugute. Einige indonesische Absolventen des niederländischen Bildungssystems gründeten später Schulen, die allen Indonesiern offen standen und über ein eigenständiges Curriculum verfügten. Und parallell dazu entwickelte sich in ganz Indonesien ein islamisches, also nichtwestliches Bildungswesen, und zwar in Form der *pesantren* (Internate), die von den Niederländern als staatsfeindlich verdächtigt und streng überwacht wurden.

Die im Rahmen des niederländischen Bildungssystems erfolgte Begegnung eines Teils der indonesischen Elite – darunter zahlreiche Schriftsteller – mit westlichem Denken und westlicher, insbesondere niederländischer Literatur trug wesentlich zum Entstehen dessen bei, was wir heute als »moderne indonesische Literatur« bezeichnen. „Modern" bedeutet in diesem Zusammenhang also »westlich«. In den ersten Jahrzehnten des letzten Jahrhunderts begannen junge indonesische Schriftsteller damit, sich in ihren Werken kritisch mit den indonesischen Traditionen und deren Zwängen auseinanderzusetzen. Kritik am Kolonialsystem ließen die Niederländer nicht zu und gründeten, quasi als Zensurbehörde, eine »Kommission für Volkslektüre«, die in Indonesien als *Balai Pustaka* bekannt wurde und auch als Verlag tätig war. Dort erschienen die ersten Romane der indonesischen Literatur, die auch formal betrachtet einen Bruch mit den traditionellen Erzählungen, den *hikayat*, darstellten. Beispielhaft dafür sind *Siti Nurbaya* (Name der Protagonistin) von Marah Roesli und *Salah Asuhan* (Verfehlte Erziehung) von Abdul Muis, in welchen sich die Autoren unter anderem mit dem Problem der Zwangsheirat auseinandersetzen.

Anders als in anderen früheren Kolonien, insbesondere britischen und französischen, in welchen die Sprache der Kolonialherren National- und vielfach auch Literatursprache wurde, entschied sich Indonesien gegen das Niederländische. Im Jahre 1928 erhoben indonesische Nationalisten im Rahmen des berühmten »Schwurs der jungen Generation« das Malaiische zur *Bahasa Indonesia*, zur Sprache eines zukünftigen Staates Indonesien als gemeinsamer Heimat aller indonesischen Völker in Niederländisch-Indien bzw. des indonesischen Archipels. Die Idee eines zukünftigen Indonesien prägte auch die moderne indonesische Literatur. In der Lyrik zeigte sich dies daran, dass seit den 1920er Jahren keine Gedichte mehr über eine Heimat Sumatra, Bali oder Ambon verfasst wurden, sondern über ein gemeinsames Vaterland Indonesien. Und als Literatursprache setzte sich schon in dieser Zeit die malaio-indonesische Sprache durch, sodass seit damals Folgendes gilt: Moderne indonesische Literatur ist Literatur in indonesischer (=malaiischer) Sprache.

Immer höher

Mein Körper schwebt empor zum Firmament
Immer höher, fein und zart, heilig-hehr
Fliegend und webend, fließend und schwebend
Dem azurnen Himmel gleich

Winde wehen und Orkane wüten
Reißen mich fort und werfen mich zu Boden
Schleudern mich auf hohe Gipfel
Hängen mich hoch oben an den Regenbogen ...

Haltet ein, ihr lieben Winde
Lasst auf diesem Bogen meinen Körper rasten
Halt ein, du Sturm in meinem Inneren
Wieg mich in den Schlaf und still mein Sehnen

Lasst mich hier bleiben
Friedvoll und in stiller Einsamkeit
Ohne Wünsche, ohne Fragen
Der Welt entrückt, den Göttern nah.

✦ ✦ ✦ ✦

Amir Hamzah gilt als »der letzte malaiische Dichter«. Er schloss die Ära der klassischen malaiischen Dichtung ab und öffnete den Weg in die moderne indonesische Lyrik. Einen radikaleren Weg beschritt in den 1930er Jahren der Romancier und Lyriker Sutan Takdir Alisyahbana, ein Bewunderer Goethes, der in seinem berühmten Essay *Semboyan Yang Tegas* (Eine klare Parole) dazu aufrief, sich aus allen Bindungen zu den traditionellen bzw. regionalen indonesischen Kulturen zu lösen und sich ausschließlich am Vorbild der westlichen Kultur zu orientieren. Dieser Essay löste die sogenannte »Kulturpolemik« aus, in deren Rahmen Schriftsteller und Intellektuelle über die kulturelle Prägung eines zukünftigen Indonesiens diskutierten und stritten. Nicht wenige lehnten Alisyahbanas Forderung ab und plädierten für eine Verankerung Indonesiens in der »östlichen« Kultur, andere empfahlen eine »Synthese aus Orient und Okzident«, aus »Faust und Arjuna«. In der indonesischen Literatur aber dominierte fortan die westlich-individualistische Auffassung Alisyahbanas, so wie dies auch sichtbar wird in den Gedichten Chairil Anwars, der als Begründer der modernen indonesischen Lyrik gilt. Dessen Gedicht mit dem paradigmatischen Titel »Ich« aus dem Jahre 1943, dem bekanntesten indonesischen Gedicht überhaupt, sei hier zitiert:

Ich

Wenn meine letzte Stunde naht
Soll niemand mich beweinen
Auch du nicht

Wozu die Tränen und die Klagen
Ich bin ein wildes Tier
Das verstoßen ward' von seinem Rudel
Auch wenn Kugeln meine Haut durchbohren
Stürm' ich doch weiter wütend voran

Renne trotz Wunden und Gift
Renne
Bis aller Schmerz und alles Leid vergehen
Dann ist mir erst recht alles egal

Leben will ich noch tausend Jahr'.

✦ ✦ ✦ ✦

Inspiriert von Chairil Anwar verfassten indonesische Schriftsteller 1950 das berühmte »Gelanggang-Credo«[2], das als beste Formulierung der Ideale des sogenannten »Universalen Humanismus« (*Humanisme Universal*) gilt. Dort heißt es:

Wir sind die legitimen Erben der Weltkultur, und diese Kultur setzen wir auf unsere eigene Art und Weise fort. Wenn wir von »indonesischer Kultur« sprechen, so meinen wir damit nicht die großen Kunstwerke der Vergangenheit, sondern eine neue und fruchtbare Kultur. Revolution bedeutet für uns, dass die alten Werte zerstört und gegen neue ersetzt werden müssen. Unsere Erkenntnisse mögen vielleicht nicht immer neu und eigenständig sein; uns geht es darum, den Menschen zu finden.

✦ ✦ ✦ ✦

Dieser Universale Humanismus war die ideologische Grundlage eines großen Teils der sogenannten »Schriftstellergeneration von 1945« (*Angkatan 45*), die sich nach der Gründung der Republik Indonesien im Jahr 1945 formierte. Der von westlicher Liberalität gekennzeichnete Universale Humanismus forderte den universalen (weltoffenen) Künstler, der den Menschen in den Mittelpunkt seines Schaffens stellt und der indonesischen Revolution durch das Errichten eines neuen Wertesystems zum Erfolg verhilft, ohne sich bestimmten politischen Ideologien, namentlich dem Marxismus, zu unterwerfen.

Die Dominanz westlich-liberaler Konzepte und westlicher Vorbilder in der modernen indonesischen Literatur währte bis Anfang der 1960er Jahre und wurde bis dahin weder durch literaturtheoretische Diskurse noch durch konservativ-traditionelle Konzepte erschüttert. Herausgefordert wurden die westlich orientierten Schriftsteller erst durch

---

2   Das »Gelanggang-Kredo« (Surat Kepercayaan Gelanggang) wurde am 18. Februar 1950 in der Rubrik »Gelanggang« (Arena) der Zeitschrift Siasat veröffentlicht.

politische Kräfte, und zwar durch linke bzw. kommunistische. Linke Kunstschaffende hatten sich dem Institut für Volkskultur (Lekra) angeschlossen, welches der Kommunistischen Partei (PKI) nahestand und in welchem der international bekannte Romancier Pramoedya Ananta Toer eine führende Rolle spielte. Lekra propagierte die Prinzipien des sozialistischen Realismus und beschimpfte die Vertreter des Universalen Humanismus als dekadente und verwestlichte Bourgeois oder gar als Verräter an der indonesischen Revolution. Der Druck auf liberale, aber auch auf religiös bzw. islamisch orientierte Künstler nahm immer mehr zu. In dieser schwierigen Lage entschlossen sich die Universalen Humanisten im Jahre 1963 zur Veröffentlichung des berühmten Manifes Kebudyaan (Kulturmanifest), in welchem sie sich gegen die Dominanz einer bestimmten Ideologie wandten. Es war klar, dass damit die kommunistische gemeint war und dass das Manifest insofern auch die von Präsident Sukarno propagierte NASAKOM-Doktrin kritisierte, die eine Synthese aus Nationalismus, Religion und Kommunismus darstellte. So war es nicht verwunderlich, dass dieses Manifest verboten wurde und der Druck auf die Unterzeichner und alle nicht-kommunistischen Künstler und Intellektuellen weiter zunahm. PKI und Lekra starteten eine Schmutzkampagne, schikanierten und drohten, das politische und kulturelle Klima war äußerst gespannt.

In den Jahren 1965/66 kam es dann zu der von den Universalen Humanisten erhofften politischen Wende. Eingeleitet wurde diese durch die Ereignisse am 30. September/1. Oktober 1965, als eine Reihe antikommunistischer Heeresgeneräle ermordet wurde. In der Geschichtsschreibung der durch den späteren Präsidenten Suharto etablierten »Neuen Ordnung« galt dieses Ereignis als Putschversuch der PKI, die sich dazu einer »Bewegung des 30. September« bedient habe. Am 11. März 1966 erhielt Suharto von Präsident Sukarno ein Mandat, das ihn ermächtigte, alle Maßnahmen zur ergreifen, die zur Wiederherstellung von Sicherheit und Ordung als erforderlich betrachtet wurden. Suharto, der die breite Unterstützung der indonesischen Gesellschaft genoss, ordnete das Verbot der PKI an. In der Folge kam es zur blutigen Verfolgung der Kommunisten und deren Sympathisanten in ganz Indonesien mit vermutlich mehr als einer Million Todesopfern. Im Jahre 1967 wurde Suharto vom indonesischen Volkskongress zum Nachfolger Sukarnos gewählt. Für die Kunst- und Literaturszene bedeutete diese politische Wende von der »Alten Ordnung« Sukarnos zur prowestlichen »Neuen Ordnung« unter Suharto das Ende kommunistischer Dominanz. Die Unterzeichner des Kulturmanifests und dessen Befürworter – darunter die Lyriker Trisno Sumardjo, Goenawan Mohamad und Taufiq Ismail – wurden zu führenden Personen der Kulturszene, Lekra wurde verboten, kommunistische und sonstige linke Kulturschaffende wurden ohne Gerichtsverfahren verhaftet und viele unter ihnen, wie z.B. Pramoedya Ananta Toer, wurden jahrelang auf der berüchtigten Gefangeneninsel Buru interniert.

Der Beginn der »Neuen Ordnung« war, was die Kulturszene anging, von der Gründung einiger bedeutender Institutionen gekennzeichnet, insbesondere des *Dewan Kesenian Jakarta* (Kunstrat Jakarta), in dem auch verschiedene Lyriker zeitweise Funktionen übernahmen, z.B. Taufiq Ismail, Goenawan Mohamad, Hamid Jabbar, Ajip Rosidi, Toeti Heraty und Abdul Hadi W.M. Zudem wurde das *Taman Ismail Marzuki* (Ismail-Marzuki-Kulturzentrum) in Jakarta errichtet, welches sich schnell zum wichtigsten Kulturzentrum

Indonesiens entwickelte und das bedeutendste Forum für zeitgenössische Literatur, aber auch für die Avantgarde anderer Kunstformen darstellte. Speziell im Bereich der Literatur spielte die neugegründete Zeitschrift *Horison* eine herausragende Rolle, hier versammelten sich gewissermaßen die Schriftsteller, die gegen die Dominanz der kommunistischen Lekra gekämpft hatten.

Die von vielen Intellektuellen so hoffnungsvoll begrüßte »Neue Ordnung« entwickelte sich schon bald zu einem autoritären System, in dem Sicherheit und Ordnung sowie die wirtschaftliche Entwicklung im Vordergrund standen. Das gesellschaftliche Leben wurde depolitisiert, und ohne dass direkter Zwang auf die literarische Szene ausgeübt wurde, depolitisierte sich auch diese. Dominante Themen der Literatur unter der »Neuen Ordnung« waren Innerlichkeit, Tod, Einsamkeit etc. Lokales, Indonesisches, trat nicht selten in den Hintergrund. Beispielhaft dafür sind Gedichte von Goenawan Mohamad und Sapardi Djoko Damono:

Herbst-Vierzeiler
(Goenawan Mohamad)

I
In der kalten Luft beginnt es: Die Nacht
ordnet Blätter für ein Totenlager.
Füllen werden die Tage das Jahr,
bevor es scheiden wird.

II
Gleich wird die Sonne untergehen,
die zum Strand die Kinder lockte.
Nur der Regen bleibt,
die Farben wechseln. Und Du fasst es nicht.

III
Auf dem Kalender stehn die Jahreszeiten still.
Auf dem Kalender steht mein Überdruss geschrieben.
Unter roten Blättern, Herr, sind Deine Spuren verborgen
einsam und ewig. Der Sommer war so groß.

IV
Die letzten Worte sind nur Schnee,
Stimmen aus der Ferne, von der Zeit herangeweht.
Wir beten nicht länger. Wir können die Rätsel nicht lösen.
Nur die Abendröte bleibt, eine letzte schwache Glut.

✦ ✦ ✦ ✦

Distanz
(Sapardi Djoko Damono)

und Adam stieg hinab in die Wälder
löste sich auf in Legenden
und plötzlich stehen wir hier
blicken empor zum Himmel: leer, einsam und still …

✦ ✦ ✦ ✦

Natürlich trat das Indigene in der Lyrik nicht völlig in den Hintergrund. Sutardji Calzoum Bahri, einer der bedeutendsten Innovatoren der indonesischen Lyrik und Hauptfigur der lyrischen Avantgarde der 1970er Jahre, ging in seinen sprachmagischen Texten vom malaiischen Mantra aus und präsentierte es in moderner Form. Ein 1973 entstandenes Gedicht deutet dies an:

einmesserhie

einmesser wunde einmesser dorn
einhaufen sünde einhaufen stille
einmesser leid eineunrast ich
einmesser stille einmesser gesang

einmesserda einmesserhie
einmessermess einschrei stille
einmesserda einmesserhie
einhaufen ich ein dornenkorb

einmesserda einmesserhie
einmesserda einmesserhie
einmesserda einmesserhie
jetzt endlich steckt Sein messer in dem lied

✦ ✦ ✦ ✦

Der in Indonesien als »Präsident der indonesischen Dichter« verehrte Sutardji Calzoum Bahri, der sich intensiv mit westlicher Philosophie, namentlich mit dem französischen Existenzialismus, auseindergesetzt hat, steht auch für eine Überwindung der Osten-Westen-Dichotomie und weist in dieser Hinsicht Gemeinsamkeiten mit Abdul Hadi W.M. auf, einem weiteren bedeutenden Lyriker, der in den 1970er Jahren bekannt wurde. Abdul Hadi W.M., Goethe-Kenner und Übersetzer des »Faust«, Spezialist für arabisch-persische Literatur, Übersetzer der Lyrik von Rumi und Hafiz, steht zudem für die Renaissance der *puisi sufi*, der sufistischen Lyrik in Indonesien, die ja auf lange Traditionen zurückblicken kann, wie eingangs im Zusammenhang mit Hamzah Fansuri bereits erwähnt wurde. Zu Abdul Hadis bekanntesten mystischen Gedichten gehört »Herr, wir sind uns so nah« aus dem Jahr 1976:

Herr, wir sind uns so nah

Herr.
Wir sind uns so nah.
Nah wie die Glut dem Feuer.
Ich bin deines Feuers Glut.

Herr.
Wir sind uns so nah.
Nah wie der Stoff dem Gewand.
Ich bin deines Gewandes Stoff.
Herr.
Wir sind uns so nah.
Nah wie der Wind seiner Richtung.

Wir sind uns so nah.

Und in der Finsternis
bin ich das Licht
deiner Fackel, die verloschen ist.

✦ ✦ ✦ ✦

Erst Rendra, einer der wichtigsten indonesischen Lyriker überhaupt, gelang es, die Dominanz der unpolitischen Lyrik zu überwinden. Gedichte, wie das im Folgenden in Auszügen zitierte Gedicht aus dem Jahre 1977 erschütterten die literarische Szene.

Gedicht einer Zigarre

Eine Zigarre rauchend
blicke ich auf Groß-Indonesien,
lausche den Stimmen seiner 130 Millionen Menschen,
während am Himmel
ein paar Bonzen ihre Beine spreizen
und auf deren Köpfe scheißen.
[...]
Ich stelle Fragen,
doch sie prallen ab an der Stirn
jener Salon-Literaten,
die Verse über Wein und Mondschein schmieden,
während neben ihnen Unrecht geschieht,
und acht Millionen Kinder ohne Bildung
leeren Gesichts vor der Göttin der Kunst knien.
[...]

Das sind meine Verse,
Pamphlete für einen Notstand.
Was soll Kunst,
wenn sie sich abtrennt vom Leid.
Was sollen alle Gedanken,
wenn sie nichts zu schaffen haben
mit den wahren Problemen des Lebens.

✦ ✦ ✦ ✦

Rendra bezeichnete seine politischen Gedichte als »Pamphlete«. Darin äußerte er schärfste Kritik an den negativen Folgen der auf kapitalistischen Prinzipien basierenden Entwicklungspolitik der »Neuen Ordnung«. Er tat dies zu einem Zeitpunkt, als die Kunst- und Kulturszene unter immer größeren Druck des Staatsapparats geriet. Sein Wagemut machte ihn zum populärsten Dichter seiner Zeit, zu seinen öffentlichen Lesungen kamen in der Regel Tausende von Menschen. Der autoritäre Staat nahm dies als ernste Herausforderung wahr, es kam zum Verbot von Veranstaltungen Rendras, der zudem auch mehrfach verhaftet wurde. Zum ersten Mal hatte ein Schriftsteller die Regierung herausgefordert. Auch wenn Rendras Vorbild nur wenige folgten, wurde ein Gesetz erlassen, wonach kulturelle Veranstaltungen einer behördlichen Genehmigung bedurften. Als eine Art Oase künstlerischer und intellektueller Freiheit konnte sich lediglich das oben genannte Ismail-Marzuki-Kulturzentrum (TIM) in Jakarta behaupten, wo auch Rendra seine Gedichte weiterhin vortragen oder seine dramatischen Werke aufführen konnte. Intellektuelle, wie z.B. der spätere Staatspräsident Abdurrahman Wahid, hatten im TIM Gelegenheit, ihre regierungskritischen Ansichten darzulegen.

Was die literarische Szene angeht, so entwickelte sich die in den 1970er Jahren von dem prominenten Romancier Mochtar Lubis geleitete Literaturzeitschrift *Horison* zu einer dem TIM vergleichbaren »Instanz«. So wie junge Künstler erst nach einer Aufführung im TIM als etabliert galten, war man als junger Schriftsteller erst dann anerkannt, wenn man in *Horison* veröffentlicht hatte. Natürlich wurde die Dominanz von TIM und *Horison* von vielen Künstlern und Schriftstellern als belastend empfunden, und so kam es seit den 1990er Jahren zur Gründung von zahlreichen gegen diese Dominanz gerichteten bzw. alternativen Künstlergemeinschaften. *Horison* wiederum wurde durch eine auch ideologisch begründetete Auseinandersetzung zwischen den führenden Redakteuren, Goenawan Mohamad auf der einen und Taufiq Ismail und Mochtar Lubis auf der anderen Seite, erschüttert, die zu einer Spaltung führte: 1993 erschienen parallel zwei unterschiedliche Ausgaben von *Horison*. Taufiq Ismail und Mochtar Lubis, die sich insbesondere gegen die Vereinnahmung durch kapitalistisch-kommerzielle Interessen wehrten, setzten sich durch, und Taufiq Ismail führt die Zeitschrift – seit 2002 gemeinsam mit dem Lyriker und Literturkritiker Jamal D. Rahman – bis heute. Goenawan Mohamad, dem es nicht gelungen war, *Horison* zu »übernehmen« gründete in Jakarta die Künstlergemeinschaft *Komunitas Utan Kayu*, aus der sich später das Kulturzentrum *Salihara* entwickeln sollte. Zudem gründete Goenawan Mohamad, sozusagen als Gegenpart zu *Horison* das Kulturjournal *Kalam*, das heute nur noch als online-Medium existiert.

In den 1980er Jahren trat eine neue Generation von Lyrikern hervor. Zu nennen wären zum Beispiel Acep Zamzam Noor, Afrizal Malna oder Joko Pinurbo. Die Angehörigen dieser Generation, denen jeglicher Hegemonieanspruch fernlag und die sich der Einordnung in bestimmte Lager bewusst entzogen, trugen wesentlich zur Vielfalt der zeitgenössischen Lyrik bei.[3] Ihre Gedichte sind nicht selten von Humor, Ironie und Absurdität gekennzeichnet. Im Folgenden einige Beispiele:

Ein freches Gedicht
(Acep Zamzam Noor)

Meine Gebete
Schlüpfen unter deinen
Büstenhalter. Fingergleich

Meine Finger
Sind frech
Wie Gebete

Sie kneten deine Brüste
Im Paradies

✦ ✦ ✦ ✦

Channel 00
(Afrizal Malna)

O, Entschuldigung,
bin grad dabei mich umzubringen.
Blumen und Benzin sind im Hof.

Du in deinem Farbfernseher,
bete ruhig weiter,
Tschü-üss.

✦ ✦ ✦ ✦

Kobolde
(Joko Pinurbo)

Wörter sind Kobolde, die um Mitternacht erscheinen,
und er ist kein heiliger Asket, der gefeit wär gegen die Versuchung.

Kobolde wimmeln um seinen blutbefleckten Körper,
derweil die Feder, die er zückte, immer noch nicht brechen mag.

---

3   Siehe hierzu: Agus R. Sarjono: »Discourse Community of Indonesian Poetry«. Manila: Aseano 1994.

Zu dieser Generation gehört auch eine der bedeutendsten indonesischen Lyrikerinnen, nämlich Dorothea Rosa Herliany, die in ihren mitunter schockierenden Gedichten indonesischen Frauen eine Stimme verleiht. Eines ihrer bekanntesten Gedichte ist folgendes:

Vermählung, scharf wie ein Messser

mich hat es verschlagen, ich weiß nicht wohin.
ich drehe mich im Kreise, wie in einem Labyrinth.
endlos lange Reise, ohne Karte, ohne Plan.
und diese Dunkelheit ist die vollkommenste.
ich ertaste den Pfad zwischen
Abhang und Fluss.

ein Seufzen, wie ein Lied. aus meinem Mund
vielleicht. ich hör ein Klagen, es klingt wie
eine Melodie. aus meinem Mund vielleicht.

doch dies ist das Land, dessen Anderssein
vollkommen ist: dein Körper ist mit Maden übersät.
das stört mich nicht. bis ich ein Ende setze
meiner Lust am Koitus, bevor ein Ende
ich auch dir bereite: ein Messer
stech ich in dein Herz, dein Glied
zerfetze ich, in tiefstem Schmerz.

✦ ✦ ✦ ✦

Dorothea Rosa Herliany gehört zu den nicht wenigen indonesischen Schriftstellern, die sich auch als Verleger und Herausgeber von Zeitschriften engagieren. Über viele Jahre hat sie die Literaturzeitschrift *Kolong* und den literarischen Verlag *Indonesia Tera* geleitet. Zeitschrift und Verlag zeichneten sich dadurch aus, dass sie jedem offenstanden, unabhängig davon, welchem »Lager« oder welcher Gruppierung man angehörte. Heute setzen zum Beispiel der Verlag Komodo Books und das Lyrikmagazin *Jurnal Sajak* diese Tradition fort.

Unpolitische Lyrik dominierte auch in den 1980er und 1990er Jahren. Erst in den turbulenten Wochen im Mai 1998, also kurz vor dem Ende der »Neuen Ordung« bzw. dem Rücktritt von Präsident Suharto, dem wochenlange Demonstrationen der Reformbewegung vorangingen, änderte sich das. Ich selbst habe unter dem Eindruck der Erschießung von demonstrierenden Studenten durch Heckenschützen folgendes Gedicht geschrieben:

Regentränen

*Ziel bitte nicht mit mir auf Menschen, fleht das Gewehr
und versucht sich loszureißen. Lass mich! fährt die Hand
es an. Ich muss diese Demonstranten in die Luft jagen.
Aber das sind doch alles junge Leute! Schau dir die Kindergesichter
doch an. Und schließlich demonstrieren sie auch für deine Belange.
Du hast dich doch auch stets darüber beklagt, dass dein Sold nicht
ausreicht, dass du dich so plagen musst für jeden Mundvoll Reis.*

*Ziel bitte nicht mit mir auf Menschen! bettelt das Gewehr. Schweig,
hier geht es nicht um Menschen, schreit die Hand, hier geht's um Politik!
Ein, zwei Opfer, das ist Teil der Strategie. Aber jetzt geht's doch
ums Prinzip und nicht um Zahlen. Hier geht es um trauernde Mütter,
um Vernichtung von Leben, um die Zukunft unterdrückter Menschen.
Schweig, du bist nur ein Werkzeug, ein Mittel zum Zweck,*

*und das Recht auf eine Meinung hast du nicht. Ein solches Recht
haben nur die Volksvertreter, dort im Parlament.*

*Aber die denken doch nur an sich, entgegnet das Gewehr,
und du bist denen ganz egal, genauso wie die Demonstranten,
und für die Armen und die Unterdrückten haben diese Leute nie
etwas getan. Sie handeln nur im eigenen Interesse.
BUMM!
Das Gewehr fährt zusammen. Nein, tu es nicht!
BUMM ... BUMM ... BUMM ... Das wär's,*

*sagt die Hand. Musste das wirklich sein, stöhnt das Gewehr.
Ich weiß nicht, murmelt die Hand. Ich bin müde.
Ich muss mich ausruhen. Hoffentlich geht's meiner Frau
und meinen Kinder gut zu Hause.*

*Und das Gewehr verwandelt sich in eine Wolke. Und lässt
Tränen regnen. Und hört nicht mehr damit auf.*

✦ ✦ ✦ ✦

Das Ende der autoritären »Neuen Ordnung« und der Beginn der als *Reformasi* bezeichneten Ära der Reformen führte sogleich zur Befreiung der Literatur und der Schriftsteller von staatlicher Zensur und Einschüchterung. Im Rahmen der Abrechnung mit der gestürzten »Neuen Ordnung« setzte auch eine Auseinandersetzung mit dem Thema der Kommunistenverfolgung unter Suharto ein. Zur Zeit scheint es mitunter so, als wetteiferten manche Schriftsteller(innen) miteinander - und zwar insbesondere solche aus bürgerlich-elitären Kreisen -, was ihre Anteilnahme mit den Opfern dieser Verfolgung angeht. Eine traurige Konsequenz des Booms der »Opferliteratur« besteht darin, dass die Stimmen der Schriftsteller, die selbst Opfer der Kommunistenverfolgung

---

4   Bei den Essay-Gedichten handelt es sich um Langgedichte zum Thema Diskriminierung, dem obligatorische Fußnoten zum jeweiligen Kontext beigefügt sind. Begründer dieses Genres ist Denny J.A., von dem ein eigenes Essay-Gedicht unter dem Titel »Das Taschentuch der Fang Yin« auch in deutscher Übersetzung vorliegt und als e-Book erhältlich ist.

wurden, z.B. Martin Aleida, Bre Redana oder Putu Oka Susanta, kaum mehr Gehör finden. Glücklicherweise hat der ebenfalls verfolgte Pramoedya Ananta Toer einen zu großen Namen, als dass er in diesem Zusammenhang verdrängt werden könnte.

Jener Boom zeigt sich gegenwärtig auch in der Lyrik. So war bei Wettbewerben zu sogenannten Essay-Gedichten (*Puisi Esei*)[4], die das Lyrikmagazin *Jurnal Sajak* in den letzten Jahren veranstaltete, die Kommunistenverfolgung unter der »Neuen Ordnung« das am häufigsten gewählte Thema. Aktuellere Themen, zum Beispiel die Bedrohung durch den so viele Opfer fordernden religiösen Fanatismus blieben interessanterweise ausgespart, vielleicht weil das Aufgreifen dieser Thematik in Indonesien mit größeren Risiken verbunden ist als die Darstellung der Leiden der Opfer der Kommunistenverfolgung.

Indonesien kann mittlerweile als demokratisches Land bezeichnet werden, und die Schriftsteller müssen keine staatlichen Repressionen mehr befürchten. Und doch bleibt die künstlerische und intellektuelle Freiheit bedroht. Diese Bedrohung geht von gesellschaftlichen Gruppierungen aus und betrifft auch das literarische Leben. Selbst literarische Gruppen sind daran beteiligt. Nach der Veröffentlichung eines Buches über die wirkungsmächtigsten Persönlichkeiten der modernen indonesischen Literatur[5] forderten eine Reihe von zweitklassigen Schriftstellern und Universitätslehrern die indonesische Regierung in einer Petition auf, den Verkauf des Buches zu verbieten. Einer der Initiatoren der Petition verlangte in den sozialen Medien sogar die Verbrennung des Buches sowie die »Deportation der Autoren nach Auschwitz«. So garstig kann es zugehen in Indonesien, selbst in Auseinandersetzungen über Literatur.

Doch dies wird den geneigten Leser dieses Buches, das eine der umfangreichsten Anthologien mit Übertragungen indonesischer Lyrik darstellt, sicherlich nicht davon abhalten, sich den Gedichten der indonesischen Lyriker und Lyrikerinnen zuzuwenden, die darin gesammelt sind. Alle bedeutenden indonesischen Dichter sind vertreten, mit ihren bekanntesten Gedichten.

In dieser kurzen Einführung kann die moderne indonesische Lyrik natürlich nur ansatzweise dargestellt werden. Und so sollen in erster Linie die Gedichte selbst einen Eindruck von moderner indonesischer Dichtung vermitteln. Dass der deutschsprachige Leser nach der Lektüre den Titel dieses Buches nachvollziehen kann, ist die Hoffnung der Herausgeber. Dass es sich bei vielen der Gedichte um sprachliche Kunstwerke handelt, dass in ihnen ein Feuer der Sprache entfacht wurde.
Der Dank der Herausgeber gilt den indonesischen Dichtern, die - und dasselbe gilt für den Übersetzer - ihre Werke unter Verzicht auf jegliches Honorar für dieses Buch zur Verfügung gestellt haben. Dem Verlag regiospectra und seiner Leiterin Eva Streifeneder sei für die gute und angenehme Zusammenarbeit gedankt.

Agus R. Sarjono
(Lyriker, Herausgeber des indonesischen Lyrikmagazins *Jurnal Sajak*)
Wiepersdorf / Bonn im Juni 2015

5   Hierbei handelt es sich um das 2014 erschienene Buch mit dem Titel »33 Tokoh Sastra Indonesia Yang Paling Berpengaruh«.

Amir Hamzah

AMIR HAMZA
Sehnsucht II_
___Dir allein
Gebet_____Wi
die Erde___I

(1911-1946)

Sehnsucht II

Tod, komm herbei
Befreie mich aus tiefer Not
Ich klammere mich an dir fest
In dieser dunklen, finstren Zeit

Nicht süß
Klingt mir der Elstern Zwitschern mehr
Und der Eule lockend' Lied
Weckt keine Sehnsucht mehr in mir

Wolke, die du vorüberziehst
Und das Firmament verhüllst
Mach über meiner Hütte halt
Der Hütte dieses armen Wanderers

Dich, Wolke, bitte ich
Verweile kurz und sage mir
Aus welchem Land du kommst
Und wohin du ziehen wirst

Künde meine Sehnsucht der Geliebten
Flüstere ihr zu, dass ich sie liebe
Umhüll ihr gülden' Knie, wie ich es tat
Als ich sie vor langer Zeit liebkoste

Mutter, in der fernen Heimat
Sitzt ein Mädchen auf der Mauer
Mutter, Berge möchte ich versetzen
Doch, ach, ich vermag es nicht

Adler, du König der Lüfte
Lass dich für ein Weilchen bei mir nieder
Erlaube mir, dass ich dich frage
Ob du die Geliebte sahst

Den Tod hab' ich gepriesen
Der Wolken Rat hab' ich erbeten
Die wilden Tiere habe ich gefragt
Doch wo, ach wo nur, ist die Liebste?

✦ ✦ ✦ ✦

(1911-1946)

Immer höher

Mein Körper schwebt empor zum Firmament
Immer höher, fein und zart, heilig-hehr
Fliegend und webend, fließend und schwebend
Dem azurnen Himmel gleich

Winde wehen und Orkane wüten
Reißen mich fort und werfen mich zu Boden
Schleudern mich auf hohe Gipfel
Hängen mich hoch oben an den Regenbogen …

Haltet ein, ihr lieben Winde
Lasst auf diesem Bogen meinen Körper rasten
Halt ein, du Sturm in meinem Inneren
Wieg mich in den Schlaf und still mein Sehnen

Lasst mich hier bleiben
Friedvoll und in stiller Einsamkeit
Ohne Wünsche, ohne Fragen
Der Welt entrückt, den Göttern nah.

Dir allein

Meine Liebe ist erloschen
Entschwunden, für immer vorbei
Und so kehr' ich heim
Kehre wieder zurück zu Dir

Du bist ein leuchtend' Licht
Ein helles Fenster in der finstren Nacht
Du winkst mich heim
Sanft und geduldig, immer treu

Meine Liebe soll nur Einem gelten
Doch ich bin nur Mensch
Giere nach Gefühlen
Sehne mich nach fester Form

Da, wo Du weilst
Ist formlos alles
Und verhallt ein jeder Ton
Nur Worte fesseln noch das Herz

Voller Argwohn bist Du
Voller Grausamkeit
Und in Deinen Klauen bin ich Beute
Mit der Du treibst Dein Spiel

Ich bin außer mir, ich rase
Doch meine Liebe, sie will heim zu Dir
Du bist ein Rätsel, doch Ziel meines Sehnens
Wie eine verschleierte Frau

Still ist Deine Liebe
Einsam warte ich
Deiner Liebe bin ich noch nicht würdig
Meine Zeit, sie ist noch nicht gekommen.

✦ ✦ ✦ ✦

(1911-1946)

Denn du

Denn du machst mich das Leben lieben
Und Blumen spenden ihre Knospen
Werden Blumen der Liebe in meinem Herzen
Werden Blütenduft in meiner Seele

Wie ein Traum ist unser Leben
Wie die Handlung eines Schattenspiels
Träumer bin ich und ein Tänzer
Abwechselnd trunken und wach

So erscheinen auf gespanntem Leinen
Der Puppen Schatten, welche künden
Von der Sehnsucht und vom Leid
Zweier Seelen, die vereint in Liebe sind

Ich und du, wir sind die Puppen
Erfreun den Dalang, der die Lieder singt
Wir tauschen Blicke auf gespanntem Leinen
Ein Lied lang, eine Melodie

Doch dann wechselt er die Puppen
Beiseite werden wir gelegt
Ich und du, wir sind die Puppen
Erfreun den Dalang, der die Verse liest.

Dalang: javanischer Puppenspielmeister

✦ ✦ ✦ ✦

Gebet

Was, Geliebte, kommt unserer Begegnung gleich?
Nur die sanfte Abenddämmerung
Nur der Schein des vollen Mondes
Der die quälende Hitze vertrieb

Lind weht der Nachtwind, spendet Kühlung
Weckt Gefühle, kündet von Gedanken
Übermittelt Träume dir

Deutlich vernimmt mein Herz deine Worte
Es gleicht einem Stern, der zu funkeln beginnt
Meine Seele öffnet sich, harrt deiner Liebe
Wie eine Blüte, die nach Wasser lechzt

Ach, Geliebte, nähr mein Herz mit deinen Worten
Füll meine Brust mit deinem Licht
Damit mein trübes Auge leuchtet
Damit aus meiner Wehmut Lächeln wird.

✦✦✦✦

Wieder hinab auf die Erde

Wenn ich wär' in Dir
Und Du wärst in mir
Wäre ich Dein Sklave dann
Und wärest Du mein Herr?

Nicht gleich siånd wir einander
Denn Du bist König, mächtig und groß
Ein heilig' Licht am Firmament
Ein dicht belaubter Baum
Der Welt ein schützend' Dach

Unter Deines Schildes Schutz
Raste ich und lass den Tag vergehen
In den Schatten, die Du wirfst
Tröste ich mein Herz

Angestrahlt von Deinem Licht
Erklimme ich die Wolkentreppe
Himmlische Harfen betören mein Ohr
Und meines Herzens Laute stimmt mit ein

Da blicke ich zurück und sehe
Eine Kerze flackern
Und Frangipani-Büten lachend winken
Noch einmal aufs Neue
Schwingt sich meine Erdenseele hoch empor
Doch dann mach' ich kehrt und steige
Wieder hinab auf die Erde.

✦ ✦ ✦ ✦

Ich ertrinke

Geliebte, ich ertrinke!
Reich mir deine Hand und hilf!
Denn es ist einsam um mich her

Kein Mitleid labt meine Seele
Keine Winde kühlen mein Herz
Und die Wasser tragen mich nicht mehr

Nach deiner Liebe dürste ich
Nach deinen Worten sehn' ich mich
Dein Schweigen ist mein Tod

Der Himmel stürzt auf mich hernieder
Die Wasser geben nach, ich sinke
Ich gehe unter in der Nacht
Über mir die Wasser
Ihre Last wird immer schwerer
Unter mir der Grund
Schroff weist er mich zurück
Geliebte, ach, ich sterbe.

✦ ✦ ✦ ✦

Trisno Sumardjo

TRISNO SUM
1969) Bungur
 Am Rande
New York
 Die Uhr
Abendrot, mei

(1916-1969)

RDJO (1916-
und Edelweiß
es Reisfelds
 Vergänglich
em Ende zu
Abendrot

Bungur und Edelweiß

Für T. D.

Wenn alles finster ist um dich herum,
lass auf weitem Felde deine Wünsche lodern,
bis selbst die Sonne sich schämt,
den Glanz deines Lichtes zu sehen.

Mitten in einem grünglänzenden Feld
mag im Wipfel eines Bungur-Baumes
froh eine lila Blüte blühen,
als Sinnbild deiner Seele Krone,
welche lebt von Jahreszeit zu Jahreszeit.

Zwischen den Flüssen Solo und Brantas
liegt nur ein kleines Stückchen Land,
das zu schmal für deine Schritte ist,
denn grenzenlos ist dein Verlangen.

Zwischen den Polen der Welt
lässt die Sonne die Sahara noch erglühen,
und Schnee die Gipfel der Alpen gefrieren;
vielleicht wächst dort ein Edelweiß,
das auf einen Menschen wartet,
um mit ihm gemeinsam auszuruhen.

Und wenn dies geschehen ist,
wird alles Dunkel schwinden,
weil du selbst eine Sonne geworden bist
unter all den Sonnen und funkelnden Sternen
am Horizont des weiten Alls.

(Solo, 3. Dezember 1949)

Bungur: Baumart
Solo und **Brantas**: Flüsse in Zentral- bzw. Ostjava

✦ ✦ ✦ ✦

(1916-1969)

Am Rande des Reisfelds

Wenn wir die einsamen Wege passieren,
wo die Bambusstämme sich müde und anmutig wiegen
wie Laternen der Natur, die Grüße entbieten,
verweilen wir und lauschen still
dem Rindergebrüll hinterm Bambushain.

Im Schatten des raschelnden Laubes
dringt Weisheit in die Seele ein.
Welche Wonne es wäre, hier tätig zu sein,
inmitten von freundlichen Bauern.
Und auf den grünen Feldern erkennt man das Glück
der ersten Menschen am Anfang der Zeit.

Ruh dich aus und mach Rast am Rande des Reisfelds,
wo still plätschernd das Wasser die Felder durchfließt.
Silbern leuchtet es, den Glanz des Himmels spiegelnd,
der jetzt sein blaues Licht vergießt.
Die Reihen grünen Reises zählen Lichter
auf dem Spiegel des Wassers, das glitzernd verharrt.

(Jakarta, 24. Dezember 1951)

✦ ✦ ✦ ✦

New York

Verschwenderisch dahingebaut ist dieser Gigant der Industrie,
mit Häusern, die wie Berge bis in die Wolken ragen.
Empor sich reckend aus der Erde Bauch haken sich am Himmel fest
Reihen aus Stahlbeton, die Spielsoldaten der Zivilisation.

Die Menschen, neuartigen Vögeln gleich, haben sich selbst gefangen,
jagen einander in hundertgeschossigen Käfigen.
Die Sonne flüchtet, gejagt vom Gott der Materie,
und der Dollar wälzt alles nieder, vernichtet und tobt.

Schnell rollt das Leben in Nylonkleidern vorbei,
Auf Rädern, angestrahlt von ewiger Elektrizität.
Donnerdurchdrungen auf Straßen und Schienen:
Rotierend, geschleudert, in den Rädern der Maschinen.

Handel, Politik und synthetische Moral
herrschen bis spät in die Nacht.
Millionen von Fenstern belauern die Welt,
geben besser acht als am Himmel die Sterne.

Was ist hier ewig: das Leben oder der Tod,
im Drängen und Treiben der Zivilisationsmaschinen?
Die Menschen saugen an der Brust des Kapitals,
und der Geist der Mechanik beherrscht ihr Blut.

(Amsterdam, 3. Mai 1952)

✦ ✦ ✦ ✦

Vergänglich

Er steht vor dem Wahren
wie eine Jahreszeit, die sich weigert zu wechseln;
der Rivale der Erde, das Vorbild der Sonne,
der Abgott der Göttinnen.

Er lässt den Himmel bersten, und seine Stimme donnert;
furchterregend glühen seine Augen;
er schafft tosende Wetter,
lässt die Erde erbeben.

Doch wenn ihm das Wahre die Luft abschnürt,
zerstiebt er wie Staub, nichts bleibt von ihm.

✦ ✦ ✦ ✦

Die Uhr

Sekunden des Unheils gehen dahin,
Und im Antlitz der Uhr steht mein Schicksal
 geschrieben:
Der erste Schlag ist wie der letzte Schlag,
Immer weiter voran, doch im Kreis, hin und her.

Ihr rundes Antlitz hat die Zeit geformt,
die endlos ist, auch wenn sie vergeht.
Sie tönt bei Tag und Nacht in einem fort:
Ticktack, hin und her, tausendmal.

»Zählst du die Sekunden denn in meiner Brust,
oder ist mein Herz ein Teil von dir geworden,
seine Kräfte verschwendend, bis seine Töne
 verklingen:
Ticktack, abertausendemal?«

»Wisse, ich bin mehr als nur ein verklingender Ton!
Auch wenn du ihn stiehlst, so lebt doch mein Herz
und empfindet hehre Regungen.«
So sprach ich, doch sie hörte nicht auf.

Ihr höllischer Rhythmus schlägt einen Nagel
Mit Hammerschlägen mitten ins Herz,
Bringt Fluch über mich, versetzt mich in Angst:
Ticktack, hin und her, tausendmal.

Nicht einmal nur, nein tausendmal,
Zieh' ich sie auf, bevor sie stehenbleibt.
Und so lebt dies tote Ding ohne Seele,
Um mein Leben bis zum Tode zu beherrschen.

Was weiß sie von Liebe, vom Herzen des Menschen,
Von seinem Denken, Hoffen und Streben?
Doch sie trägt die Zeit und ist ihr Stellvertreter,
Und in der Zeit bin ich ein Schatten nur!

Und doch, treu ziehe ich sie auf,
So als sei ohne sie mein Leben umsonst;
Und es weisen die Zeiger der Uhr
Auf die Kürze des menschlichen Lebens hin.

Ihre Zeiger schneiden ins Blut und ins Fleisch,
Es dröhnen die Schläge ihrer Sekunden;
Sie beherrscht bis in die Ewigkeit
Die gefallenen, gescheiterten Seelen.

Dies hör' ich in meinen einsamen Nächten,
Der magischen Befehle dieses Zeigefingers harrend,
der unaufhörlich sich bewegt:
Ticktack, diesen einen Ton, millionenmal.

(September 1960)

✦ ✦ ✦ ✦

Dem Ende zu

Die Wasser strömen schnell, so schnell ...
ich bin in Gedanken versunken.
Unstet wie Nebel,
der sich auflöst im Meer.

Der Wind weht so stürmisch ...
treibt mich hin zu meinem Ziel.
Unverrückbar und fest steht das Segel,
ich weiß, ich bin auf rechtem Kurs.

Ich erkenne,
dass mein Leben enden wird,
und da erscheint, dort, am noch fernen Strand,
der Tod, der keine Frist gewähren wird.

Welcher Name soll geschrieben werden
auf die Planken meines Bootes?
»Werke«, deutend auf erfülltes Leben,
oder »Gescheitert«, Tod noch vor dem Tod?

Immer wunderbarer strahlt das Firmament,
immer höher steigt es. Unerreichbar.
Noch trennt mich das Meer vom Tod,
doch der Abstand schwindet.

Schnell treibt das Boot. Er wartet.
Das Boot treibt voran. Er steht
dort am Strand, der immer näher kommt ...
Jetzt kann ich sein Antlitz sehen.

(17. Januar 1969)

✦ ✦ ✦ ✦

Abendrot, mein Abendrot

Abendrot, mein Abendrot,
das späte Abendrot verdrängt die Helligkeit:
blau, orange, karminrot,
Pinselstriche der Sonne,
die Abschied nimmt.

Abendrot, mein Abendrot,
deine Wärme durchdringt die Erde,
auf der ich träume
von Blumen und Menschen,
von Mond und Erde,
und wenn mein Traum zu Ende geht,
löst sich im Nebel
alles mit mir auf.

So weit zurück schon liegt der Morgen,
der Mittag aber scheint erst gerad' vorbei,
und das Abendrot, es schwindet zögernd –
gottlob – so bleibt mir Zeit,
bereit zu werden für die Dunkelheit.

Nacht, meine Nacht,
ich werde nicht erleben, wie du endest,
denn ich werd' in tiefem Schlaf versunken sein.

Nacht, meine Nacht,
du tiefste Ruhe – so bist du geschaffen,
bist Quelle von Morgen, Mittag und Abendrot.

Dein sind alle Farben,
heim kehren zu dir alle Stimmen,
und es thront in deinem Schoße
Alles Leben.

(28. Februar 1969)

✦ ✦ ✦ ✦

Chairil Anwar

CHAIRIL ANW
Ich _____ Der (
In der Mosche
wohl _____ Fre
_____ Eine Gesch
Tamamela_____
Karno _____

(1922-1949)

Ich

Wenn meine letzte Stunde naht
Soll niemand mich beweinen
Auch du nicht

Wozu die Tränen und die Klagen
Ich bin ein wildes Tier
Das verstoßen ward' von seinem Rudel

Auch wenn Kugeln meine Haut durchbohren
Stürm' ich doch weiter wütend voran

Renne trotz Wunden und Gift
Renne
Bis aller Schmerz und alles Leid vergehen
Dann ist mir erst recht alles egal

Leben will ich noch tausend Jahr'.

(März 1943)

✦ ✦ ✦

(1922-1949)

Der Garten

Der Garten, der nur uns gehört,
ist nicht sehr groß, er ist nur klein,
wir können uns darin niemals verlieren,
für dich und mich ist dieser Garten groß genug.
Und schmücken auch nicht viele Farben seine Blumen,
und ist sein Gras auch keinem Teppich gleich,
auf den man weich und sanft die Schritte setzt,
so kann das alles uns nicht stören.
Denn in dem Garten, der nur uns gehört,
bist du die Blume, bin die Hummel ich,
bin ich die Hummel, und bist du die Blume.
Klein, doch voll Sonne ist der Garten,
wo wir entrückt den Menschen und der Welt.

(März 1943)

✦ ✦ ✦ ✦

In der Moschee

Ich schrie Ihn ganz einfach herbei
Und wahrhaftig: Er erschien

Wir standen Angesicht zu Angesicht.

Von da an brannte Er in meiner Brust wie Feuer.
Löschen wollt' ich es mit aller Macht

Schweißgebadet, ich, den niemand unterjochen kann

Jene Moschee
War Stätte unsres Kampfes

Einander vernichtend
Voller Hohn der eine, der andere im Wahn.

(29. Mai 1943)

✦ ✦ ✦ ✦

(1922-1949)

Leb' wohl

Mädchen ...

Ich betrachte mich im Spiegel
Wem nur gehört
Dies' Gesicht voller Wunden?

Ich höre lautes Schreien
– Schreie meines Herzens? –
Oder ist das nur der Wind?

Wieder ein anderes Lied
Flattert in finsterer Nacht

Ach ...!!

Alles verdichtet sich, wird undurchdringlich
Alles ist mir fremd

Leb' wohl ...!!!

(12. Juli 1943)

✦ ✦ ✦ ✦

Freiheit

Von allem will ich mich lösen
Frei sein will ich
Selbst von Ida

Einst, ja da glaubte ich
An die Liebe, an die Schwüre
Die mir Blut und Mark geworden
Die ich wiederkäute jeden Tag

In wilder Wut
Riss ich mich von allem los
Folgte Schatten

Doch jetzt
Ist mein Leben allzu still
Setz' ich mich nicht den Stürmen aus
Gibt es auch keinen Sieg

Ach! Halt suchende Seele
Warum sollt' ich denn nicht scheiden
Durch den Tod von dieser Welt.

(14. Juli 1943)

✦ ✦ ✦ ✦

Jesus

An die wahren Christen

Aus diesem Körper
fließt Blut
fließt Blut

gestürzt
zerbrochen

angespült die Frage: Ist es meine Schuld?

ich sehe, wie das Blut aus diesem Körper fließt
ich sehe in dem Blut mein Spiegelbild

und deutlich spiegelt sich im Aug' der Zeit
die Wandlung dieses Ozeans

die Wunden schließen sich
und ich frohlocke

aus diesem Körper
fließt Blut
fließt Blut.

(12. November 1943)

✦ ✦ ✦ ✦

Eine Geschichte für Dien Tamamela

Ich bin Pattirajawane
Den die Götter schützen
Einzig

Ich bin Pattirajawane
Gischt der See
Stamm' aus der See

Ich bin Pattirajawane
Als ich geboren wurde, brachten
Die Götter mir Ruder und Boot

Ich bin Pattirajawane, über den Muskatwald wache ich
Ich bin das Feuer am Strand. Wer sich mir nähert
Muss dreimal meinen Namen rufen

In der Stille der Nacht tanzt der Seetang
Zu meiner Trommel Schlag
Die Muskatbäume werden zu Mädchen
Und leben, bis es Morgen wird

Tanzt!
Seid glücklich!
Vergesst!

Doch weh euch, wenn ihr mich erzürnt
Dann töte ich die Bäume und lasse die Mädchen erstarren
Ich rufe die Götter herbei!

Ich bin in der Nacht und ich bin am Tag
Bin das rhythmische Wogen des Seetangs
Bin das Feuer, das die Insel verzehrt

Ich bin Pattirajawane
Den die Götter schützen
Einzig.

(1946)

✦ ✦ ✦ ✦

Pakt mit Bung Karno

Bung Karno, komm schlag ein, wir schließen einen Pakt!
Mit deinen Worten bin ich lange schon vertraut
Deine Glut hat mich entfacht
Und deines Meeres Salz, es brennt auf meiner Haut

Seit 1945, seit jenem 17. August
Marschier' ich vorwärts, dicht an deiner Seite
Bin jetzt selber Glut und Meeresflut

Bung Karno! Du und ich, wir sind ein Herz und eine Seele
Darin unsere Schiffe segeln
Sie segeln in unseren Herzen
Sie segeln in unseren Seelen
In unseren Seelen ankern sie & laufen aus.

(1948)

✦ ✦ ✦ ✦

Bung Karno: gemeint ist der erste indonesische Staatspräsident Sukarno, der hier vertraulich als Bung (Kamerad, Freund) angesprochen wird. Sukarno hatte am 17. August 1945 zusammen mit Mohammad Hatta die Unabhängigkeit Indonesiens proklamiert.

Sitor Situmorang

SITOR SITUM
2014) Morgen
Der verlorene
Oscar Mohr
Nacht   I
Fenster   In
    Weimar.

(1923-2014)

DRANG (1923-
liches Feld
Sohn   Für
       Musik der
h schließe die
el   Strand

Morgendliches Feld

In Sukabumi

Vor der Herberge stehen Kasuarinen
Wachsen Blumen und liegt ein verlassenes Feld
Dort vorn ein kleiner Weg zum Flüsschen führt
Und dort hinten verläuft die Straße zur Stadt

An den Hängen der Berge die Wolken des Morgens
Zum Feld kommen Kinder, spielen Ball
Die Sonne steigt höher, der Himmel klart auf
Das Lachen der Kinder laut widerhallt

Berge, so weit das Auge schaut
Grün, so weit Gedanken schweifen
Mir ist, als wär' ich eingenickt, als hätte ich geträumt
Und sei nun aufgewacht aus endlos langer Rast

Da läutet laut die Glocke der Kaserne drüben
Es ist ein Uhr, der halbe Tag ist um
In meinem Zimmer ist es hell geworden
Doch verlassen liegt das Feld

Da schaudre ich. Da in der Ecke, ganz unvermutet
Hängt noch ein Rest von der Kälte der Nacht.

Sukabumi: Stadt in Westjawa

✦ ✦ ✦ ✦

(1923-2014)

Der verlorene Sohn

In der Hitze der Mittagszeit
Erscheint als Punkt ein Boot auf dem See
Die Mutter eilt zum Ufer hin
Will den lang ersehnten Sohn begrüßen

Deutlich ist nun das Boot zu erkennen
Augen füllen sich mit Tränen
Der Sohn aus der Fremde ist da
Steigt aus und wird von der Mutter umarmt

Der Vater sitzt in der Mitte des Hauses
Wartet und gibt sich gelassen
Bedrückt geht der Sohn an der Seite der Mutter
– zu beherrschen hat sich ein Mann –

Er setzt sich, soll berichten
Ein Huhn wird geschlachtet, Reis wird gekocht
Das ganze Dorf fragt immer wieder
Hast du eine Frau, hast du Kinder?

Der verlorene Sohn ist zurückgekehrt
Niemanden kennt er mehr
Wie viele Male schon wurde die Ernte eingebracht?
Was mag wohl alles geschehen sein?

Das ganze Dorf fragt immer wieder
Hast du schon Kinder, und wie viele?
Der verlorene Sohn bleibt stumm
Möchte lieber selber fragen

Nach dem Essen, es beginnt bereits zu dämmern
Kommt die Mutter, sie hofft, dass er spricht
Der Sohn schaut seine Mutter an
Die von der Kälte in Europa hören will

Er schweigt und denkt versunken zurück
An die Kälte dort, die Jahreszeiten und die Städte
Die Mutter hat nun aufgehört zu fragen
Es gibt nichts zu bereuen, nur Freude

Es wird Nacht, und die Mutter schläft ein
Der Vater schnarcht schon lange
Am sandigen Ufer plätschern die Wellen und wissen
Nicht heimgekehrt ist der verlorene Sohn.

✦ ✦ ✦ ✦

Für Oscar Mohr

I
Wenn es kalt wird im September
Wenn hellrot sich färbt der späte Sommer
Dann sage nicht:
Komm doch!

II
In dem Lied des Einen
Ist die Liebe
Immer in uns!

III
Allzu weit gewandert
Und vorbei der Tag für immer

Über dem Wanderer die Sterne
Einsamer noch
Bitterer noch

IV
Bitterer Blütenduft
Beißt den Himmel
So im Mai
Wenn sie gegangen ist
Und dann wieder kommt

Um in uns zu sein.

✦ ✦ ✦ ✦

Musik der Nacht

Sri Suprapti

Stumpf
Das Glas
Kahl
Warten

Ein Gesicht
Den Blick abgewandt
Ein Fenster
In die Nacht

Die Sterne dringen tief ein
Kühl
Dann fallen sie herab
Der Himmel
Eingeschlafen
Blau

Die Sterne
Claude Debussy
In den Sphären.

✦ ✦ ✦ ✦

Ich schließe die Fenster

Vom Licht geblendet schließe ich die Fenster. Ich sehe sie
im Dunkeln atmen. Jetzt, scheint mir, kenn' ich sie ein wenig besser.

Zu einer Insel segeln wir an einem heißen Tag. Am Abend
kehre ich zurück. Wer kann mir sagen, ob ich sie ermordet habe?

✦ ✦ ✦ ✦

(1923-2014)

Insel

Nicht sind wir hier
Längst ist nicht mehr
All das, was wir liebten

Jetzt sind wir versprengt
Auf dem Korallenriff
Wo Kinder Muscheln suchen

Das kündet die Flut
Auf dem Korallenriff.

✦ ✦ ✦ ✦

Strand

An F. P. Thomassen

Mutter, ich habe den Strand gesehen
Gesehen, dass die Meereswogen sprechen können

Gesehen, dass Boote nicht ausfahren wollen
Und das Licht der Sonne

Mutter, ich habe die Körper der badenden Mädchen gesehen
Sage nicht wieder
Dass du ein Kind gebären willst

Ich habe den Sandstrand gesehen
Wie er in sich selbst versunken daliegt

Ganz weiß.

✦ ✦ ✦ ✦

(1923-2014)

Weimar

Millionen Tannen
verbreiten irdenen Duft
an der Erde reinen Brust
atme ich mich satt

Goethe ist nur Erinnerung
an eine ferne Zeit
Schiller ist nicht mehr
nur der Frühling bleibt

der ihren Körpern entwächst
den ganzen Tag

er gemahnt an die Liebe
die ganze Nacht bis hin zum Morgen

✦ ✦ ✦ ✦

Subagio Sastrowardoyo

SUBAGIO SAS
(1924-1995)
Die erste Kuge
Wulan _____ Ge
an den Morgen
mit heiserer St
eines Gedichts

(1924-1995)

TROWARDOYO

Nawang

esis Dank

Ich spreche

mme Geburt

Das Wort

Die erste Kugel

Kugel abgefeuert ist,
gibt es keinen Sonntag, keine Mußestunden mehr.
Die Hände haben zu tun, und die Augen bleiben offen,
überwachen Strand und Himmel, die Verrat geschwängert hat.
Mund und Erde verstummen. Man hört
nur die Schreie der Seelen,
die sich lösen von den wunden Körpern,
und die Klagerufe hasserfüllter Herzen,
welche Rache fordern für den Tod.
Bleibt wach. Wir betreten Kriegsgebiet.
Wenn die erste Kugel abgefeuert ist,
müssen wir den Kampf eröffnen,
sterben oder siegen.
Nehmt Abschied von Frau und Kind
und sagt: Wir haben keine Zeit mehr für die Liebe
und das Fröhlichsein. Kunst und Kultur
heben wir uns für das Alter auf. Wir greifen zu den Waffen,
solange wir jung sind.
Wir sterben oder siegen.

✦ ✦ ✦ ✦

(1924-1995)

Nawang Wulan

(Die Hüterin der Erde und des Reises)

Sprich nicht mit mir in der Sprache der Welt
Ich komme vom Himmel
Berühr mich nicht mit deinem sündigen Leib
Ich komme vom Himmel

Heiß mich mit Blumen willkommen
Sie sind das Blut von Leid und Liebe
Blumen für das eben aus der Mutter Schoß geborne Kind
Blumen für die Geliebte, die süße Sehnsucht fühlt,
Blumen für den Tod, der so stille wartet

Doch wache über das Kind,
Das um Mitternacht weinend nach Milch verlangt
Doch wache über den tags zuvor gepflügten Acker
Erst will das Kind in den Schlaf gewiegt werden
Erst will der Acker bewässert sein
Ruf mich sodann, in deine Hütte hinabzusteigen

Mit Blumen. Sie sind das Blut, das fließt
Aus Lied und Liebe.

Nawang Wulan: Gestalt aus der javanischen Mythologie. Nawang Wulan ist eine Nymphe, der während des Badens die abgelegten Flügel gestohlen werden. Ohne diese Flügel kann sie nicht in den Himmel zurückkehren. Sie ist dazu verdammt, auf der Erde zu leben, heiratet einen sterblichen Menschen und hat mit diesem ein Kind. Als sie ihre Flügel wiederfindet, fliegt sie zurück in den Himmel. Vorher verspricht sie ihrem Mann, dass sie zur Erde hinabsteigen wird, wann immer das Kind Hilfe braucht. In Subagios Gedicht wird Nawang Wulan zudem die Rolle als Hüterin der Erde und des Reises zugeschrieben.

✦ ✦ ✦ ✦

Genesis

der Puppenmacher
der nur selten spricht
und weit entfernt vom Dorfe wohnt
hat aus dem Wachs einer Kerze
eine Figur geformt
die sieht aus wie er selbst
mit einem Rumpf, zwei Händen und zwei Beinen
als er ihr den Atem in die Fontanelle hauchte
loderte bereits eine Flamme
nicht im Haupt
sondern im Herzen
– ich liebe – sagte der Puppenmacher
und kaum hatte er dies ausgesprochen
da hatte schon die Flamme
seinem Werke Ewigkeit verliehen
und als die Kerze zu Ende gebrannt
siehe, die Flamme brannte weiter

✦ ✦ ✦ ✦

(1924-1995)

Dank an den Morgen

hab Dank, o Morgen
der du meine Seele
heimgeführt hast von der Wanderung

in dem Meer der Träume schlugen die Wellen so hoch
und der segelnde Mond, er tauchte ein
in die Finsternis der Stürme

losgerissen vom Strand
schrie ich flehend nach der Sonne

Morgen
hab Dank

Fußspuren
blieben noch zurück
am einsamen Strand

♦ ♦ ♦ ♦

Ich spreche mit heiserer Stimme

Ich spreche mit heiserer Stimme
Worte, die mir zugeflüstert werden
von der Schlange, die ihr Nest
in meiner Brust errichtet hat

In den Wolken ist ihr Vater abgebildet
als ein Drache
der das Firmament bewacht

Weh, wenn die Pfeile eines Jägers
ihn träfen
und er stürbe

Dann käme frei mein Atem
heraus aus der Brust
als Schlange
die emporschnellt aus ihrem Nest.

✦ ✦ ✦ ✦

(1924-1995)

Geburt eines Gedichts

Nacht, schwanger von meinen Samen
schleudert auf die Erde
das neun Monate alte Kind. Mutterloser Bastard
das Mal der ersten Sünde
auf der Stirn. Sein Weinen wird künden
von meinem Hunger, meiner Sehnsucht, meinem Leid
auch meinem Tod. Küsse die Erde
die das Leid entstehen lässt. Es
ist deine Seele.

✦ ✦ ✦ ✦

Das Wort

Am Anfang war das Wort
Die Welt entstand aus Worten
Dahinter sind
Nur die Leere und der Morgenwind

Worte machen uns Gespenster fürchten
Worte machen uns die Erde lieben
Worte machen uns glauben an Gott
Das Schicksal ging in die Falle der Worte

Und so
verberge ich mich hinter Worten
gehe unter
lasse nichts zurück.

✦ ✦ ✦ ✦

Ramadhan K.H.

RAMADHAN K
Priangan, herr

(1927-2006)

Priangan, herrliches Land

I. Heimatland

1

Flötenton klingt sanft in Pasir Ipis,
klingt in einem Pinienhain.
Lieder erschallen am Fuße der Berge
Burangrang und Tangkubanprahu.

Smaragde leuchten in den Bäumen,
leuchten im Wasser des Bächleins.

Schmale Wege winden sich durch rotes Land,
sind vertraut den Mädchen aus den Bergen.
Dass die Ernte eingebracht ist, singen sie,
tragen rote Kebayas, gehn zum Wayangspiel.

Smaragde leuchten in den Bäumen,
leuchten in der Mädchen Herzen.

2

Rote Rosen
duften süß,
Sonne im Zenit.

Zwischen Bandung und Cianjur
winden sich Wege
den Kalkberg hinauf.

Und der roten Rosen Blüten
fallen ab.
Was von ihnen bleibt,
liegt verstreut in wunden Herzen.

Und wieder verschwimmen
die Windungen der Wege.
Was noch bleibt,
vergießt der Adern Blut.

3

Auf der dunklen, staubigen Straße
liegen Tanjung-Blüten verstreut.
Ein stechend heller Stern im Osten prangt,
eine wunde Seele steht vor einem Grab.

Du willst gehn, mein Kind?
– Ja, Mutter.
Wohin?
– Vielleicht werd' ich die altvertrauten Wege gehn.
Besuchst du mich nicht vorher noch einmal?
– Doch, Mutter,
ich werde kommen, um zu weinen.

Tanjung-Blüten liegen verstreut,
singende Mädchen lesen sie auf.

Lila schimmert der Gede zur Morgenzeit,
Mond und Sterne sind verblasst.
Der Sohn verlässt die Grabesstätte,
Trauer ist in seinem Herzen.

Tanjung-Blüten liegen verstreut,
zu einem Band gewunden welken sie.

4

Blau winden sich die Wege
hinauf auf die Berge Gede und Pangrango,
vorbei ist nun die Regenzeit.

Und die Mädchen begrüßen den Morgen
in den knospenden Zweigen des Tees.
Manch' andre aber ruhen noch, sie warten.

Blau winden sich die Wege
hinauf auf die Berge Gede und Pangrango,
südliche Winde wehen nicht mehr.

(1927-2006)

Und die Männer begrüßen den Tag,
tragen die Früchte der Felder heim.
Manch' andre aber zücken ihre Messer.

Blau winden sich die Wege
hinauf auf die Berge Gede und Pangrango,
auch den Dichter erwartet ein Stich.

5
Grün ist mein Land,
grün wie das Wasser des Tacho,
Wellen von Bergen bewachen mein Land.

Und die roten Rosen
werden in sieben Teile zerrissen,
das klingt wie eine Melodie
auf den Saiten der Kecapi.

Grün ist mein Land,
grün wie das Wasser des Tacho,
Wellen von Bergen bewachen mein Land.

Und Mädchen, die alleine wandern,
werden auf sieben Wegen überfallen.
Ihr Klagen klingt wie eine Melodie,
die das Kinanti-Lied weint.

Grün ist mein Land,
grün wie das Wasser des Tacho,
Wellen von Bergen bewachen mein Land.

6
Ein Lied, begleitet von dem Klang der Flöte,
beweint das Leid der Menschen in Priangan.
Ein rotes Schultertuch, blutrot,
versinkt im Fluss, im Cikapundung.

Bandung, Stadt auf dem Grund eines Sees.
Den Flüchtenden hindern die Berge.

Die einsame Flöte am Ufer
singt das Klagelied vom Kris, der in den Brunnen fiel.
Weißer Jasmin, rein wie die Seele,
verschollen der Geliebte, gefallen, wie es heißt.

Bandung, Stadt auf dem Grund eines Sees.
In den Gesichtern spiegelt sich Leid.

7
Die halbe Welt
hab' ich gesehen.
Ja,
ich bin nur ein Wanderer.

Flöte und Zither
in dunkler Nacht
zwingen mich heimzukehren
an den Citarum, meinen Fluss.

Und ich kehre heim,
dorthin, wo ich geboren bin.
Mutter,
und ich kehre heim,
zu dir, wo ich zu Hause bin.
Ich fühle,
dass ich jetzt erwachsen bin.

II. Lieder der Liebe

1

In Cikajang die Berge und einsamen Täler,
ihr Anblick zerreißt das Herz.
Auf seiner Brust ein Tapferkeitsorden,
doch sein Messer spiegelt nur die Einsamkeit.
Auf dem Grab ein Blumengebinde,
die Geliebte ist verloren.

In Cikajang gibt es Fesseln,
die hindern jeden Schritt.
Frei sind nur die Vögel,
und die Lichter im Dorf sind erloschen.
Es glüht das Morgenrot, der Mond glänzt silbern,
doch die Herzen sind gefesselt von der Angst.

Nur die Vögel
sind in Cikajang frei und froh.
Kinder, die geboren werden,
wachsen auf und müssen fliehen.
Still und einsam ist es im Prianganland,
einsam warten Menschen auf den Tod.

2

Ein Liebespaar tauscht Küsse
in der Schwüle der Priangannacht.

Es hofft, die Nacht zu überleben,
und will am nächsten Tag auch unter Qualen
sein Tagwerk treu vollbringen.

Ein Liebespaar hinter Büschen,
wieder spürt es Todesangst.
Sieht, wie allerlei Getier
in die Schlupflöcher kriecht.
Was bliebe noch zu fragen,
bis seinen Glanz der Morgenmond vergießt.

Ein letztes Mal umarmen sie einander,
nichts ist gewiss, nur Hoffnung bleibt.

Ein Liebespaar tauscht Küsse
in der Kühle des südlichen Strandes.

3

Die Lieder der Kecapi,
sie künden vom Reich der Natur,
und es wird Frieden.

Ihr Klang, er spiegelt alles Leid
und vereint die Menschen in der Liebe.

Sie kündet vom Reich der Natur,
und es wird Frieden
in der Mädchen wunden Herzen.

Sie spiegelt alle Qual
und nimmt die Tränen in sich auf.

4

Weiße Kemboja-Blüten in der Dämmerung,
schwarze Falter fallen in den Schoß der jungen Witwe.
Im Westen glüht das Firmament,
färbt die Ufer rot.

»Geliebte, schau auf Priangan, unser Land!«
Gekreuzigt hat man dort den Vater.
Die Mutter lief den Strand entlang,
doch sie fand keinen Schutz.

»Geliebte, schau auf die Ebenen Priangans!«
Und das Mädchen schweigt.

(1927-2006)

Ihr Geliebter fiel, ward' nicht begraben.
Zu seinem Angedenken ist ihr nur geblieben
jene Kette, die sie fest umfasst.

5
Die Mädchen singen im Bananenhain,
kennen noch nicht die Süße der Frucht.

Ach!

Die Mädchen singen im Sonnenschein,
kennen nur der Sonne Glut.

Ach!

6
Das Reh
wird gejagt,
die Felder
liegen einsam da.

(Es zittert
die schwarze Nacht.)

Das Reh
verlangt ein Opfer,
als Beweis
für Heldentum.

(Der Silbermond
verblasst.)

7
Dicht schließ' ich die Türen und Fenster,
um nicht mehr vom Leid zu erfahren,

welches herbeigetragen wird von Wind und Licht.
Doch die schwarze Blüte und die schwarze Wolke
klingen immer wieder aufs neue
stechend im Saitenspiel der Rebab.

Wozu die rote Pacar-Farbe zählen
und warten, bis die Orchidee erblüht.
Immer nur herrscht Leid.
Nicht zählen lässt sich Farbe,
und es blüht die Orchidee das ganze Jahr.

Die Tränen in den Augen sind,
wenn nicht für mich selbst,
so für den Liebsten bestimmt.

III. Tilgende Flammen

1
Geliebte!
Das Braun deiner Augen ist fruchtbar,
braun ist das Blut von Priangan.

Doch, Geliebte!
Das, was deine Augen unter schwarzen Brauen
mit dem Wasser des Regens benetzt,
sind nur deine zarten Hände,
die mich streicheln, liebevoll.

Und, Geliebte!
Der Silbermond ist feuerrot geworden.
Du und ich, wir sind es,
die das Land bestellen müssen,
so wie du deine Augen
mit dem Wasser des Regens benetzt.

Geliebte!
Niemand sonst wird es tun.
Nur du und ich allein.

2
Gebinde aus Jasmin, Zeichen des Sieges,
gewunden um den schlanken Hals.
Doch nur der Mond spendet Trost,
denn das Gestern und das Heute
bleiben stickig, bleiben schwül.

Und dem Sonnenuntergang
folgt doch nur wieder die einsame Nacht.
Bereithalten müssen sich alle,
die am nächsten Tag geopfert werden.

Gestört wird die nächtliche Ruhe,
Nacht bedeutet Flüchten-Müssen,
Stiche in die empfindlichsten Stellen.

Geliebte!
Wenn du der Geschichte Lauf verändern willst,
so warte nicht, bis Regen fällt!

Geliebte!
Wenn du andere Farben willst,
bedarf es tilgender Flammen!

3
Der Dichter
ist im Scheiterhaufen
das erste Stückchen Holz.

Der Dichter
ist im Trümmerhaufen
des Staubes unterste Schicht.

Geliebte!
Zweifel
würden uns nur fesseln!

Geliebte!
Angst
gebührt nur Feiglingen!

4
Wer die Kinder liebt,
soll auch das kleinste Stück Land
niemals verkaufen.

Wer die Heimat liebt,
darf nicht vergessen,
dass dort das Grab der Mutter liegt.

Wer an die Zukunft denkt,
muss mit dem Angriff
jetzt sofort beginnen.

5
Auf den Kris, den die Fee aus Cikundul schmiedete,
fiel Tau im Schein des Morgenmondes.
Trink einen Tropfen des Blutes von Sangkuriang,
vereine die drei Flüsse am heiligen Tag.

Der Kris, den die Fee aus Cikundul schmiedete,
wurde geschärft im Schein des Morgenmondes.
Wenn du findest, was du nicht suchtest,
stell auf den Kopf die sieben Vulkane.

6
Die Mädchen
sind geflüchtet und verbergen sich

(1927-2006)

seit der Abenddämmerung,
die Stadt liegt einsam da.

Da ist kein Zweig des Glücks
und nicht fliegen die Vögel der Nacht.
Da ist kein Blatt der Freiheit,
und auch die Amaryllis fürchtet sich.

Mutter,
die Hälfte meines Blutes, das verblieben ist,
muss ich wie einst vergießen.
Wie traurig,
wenn Mädchen alte Jungfern werden,
weil die Nacht des Schreckens
sie den Männern entzieht.

Mutter,
die Hälfte meines Blutes, das verblieben ist,
muss auf die Straße fließen.
Wie traurig,
wenn man den Mond nicht mehr erleben kann,
weil die Nacht des Schreckens
Scherze nicht gestattet.

7
Auch ein Messer in einem Riff
ist nicht so scharf
wie das Cianjuran-Lied auf der Zither.

Und für die Freiheit der Seele
opfre ich mein Leben und das neugeborne Kind.
Die Mutter hat immer gesagt,
dass die Seele durch Geduld ins Paradies gelangt.
Doch es ist die Pflicht des Dichters
zu sagen, dass es Zeit zum Handeln ist.

Auch ein Messer in einem Riff
ist nicht so scharf
wie das Cianjuran-Lied auf der Zither.

Priangan: von Sundanesen bewohntes Gebiet in Westjava
Pasir Ipis: hügeliges Gebiet bei Bandung
Burangrang: Berg in Priangan
Tangkubanprahu: Berg in Priangan
Kebaya: jackenähnliches Kleidungsstück für Frauen
Wayang: Schattenspieltheater
Bandung: in einem Talkessel gelegene Hauptstadt der Provinz Westjava
Cianjur: Stadt in Priangan, Zentrum sundanesischer Kultur
Tanjung: duftende Blume
Gede: Berg in Priangan
Pangrango: Berg in Priangan
Tacho: Fluss in Spanien und Portugal
Kecapi: sundanesische Zither
Kinanti: populäre Liedform
Cikapundung: Fluss, der durch Bandung fließt
Kris: Dolch, dem magische Kräfte zugeschrieben werden
Pacar: Pflanze (liefert rote Farbe zum Färben der Fingernägel)
Citarum: Fluss in Priangan
Cikajang: Stadt in Priangan
Kemboja: Baumart (oft auf Friedhöfen angepflanzt)
Rebab: geigenähnliches Saiteninstrument
Cikundul: sagenumwobener Ort bei Cianjur
Sangkuriang: Held einer sundanesischen Legende
Cianjuran: populäre Liedform

✦ ✦ ✦ ✦

Toto Sudarto Bachtiar

TOTO SUDAR
(1929-2007) H
Dämmerung
Über die Freih
Bettelmädche
An einen To

(1929-2007)

TO BACHTIAR

uptstadt in der

Nokturno

eit

Die Finger

en   Gesicht

Hauptstadt in der Dämmerung

Kampf ums Überleben jeden Tag, Leben
Unter schmutzigen Kulis und Mädchen, die nackt
In dem Fluss, den ich liebe, baden. Oh, du geliebte Stadt
Lärm und stickige Luft lasten schwer
Auf den langen sich schlängelnden Straßen

Häuser und Menschen schwinden in der Dämmerung
Und das Abendrot glüht am südwestlichen Himmel
Oh, du geliebte Stadt
Drück mich ganz fest an dein Herz
Inmitten deines Trubels, inmitten deines Leids

Mir ist, als ob ich träume: Ein weißer Mond
in einem Meer von jungen Wolken schwimmt
Und doch fließen die reinen Quellen nicht mehr
Eine graue Welt hält sie verschlossen
Und den Atem der Freiheit hindern Hände und Worte
Die der Todesstunde harren

Nichts weiß ich, kenn' nur das, was jeden Tag geschieht
Kenn' nur die vom Leid gefärbten Lieder
Ich hoffe, dass ein neuer Morgen einmal Frieden bringen wird
Und die ewigen Träume der Menschen sich endlich erfüllen

Immer noch dröhnt auf den Straßen der Lärm
Weiter geht der Kampf ums Überleben, weiter geht das Leben
Unter den Kulis, die nach Hause kommen
Unter den Mädchen am Ufer des geliebten Flusses

Und den schwimmenden Kindern, die unschuldig lachen
Im Schatten pompöser Paläste
Noch glüht das Abendrot, doch schwindet es bald
In der Schwärze plötzlicher Nacht

Die reinen Quellen fließen nie mehr
Die graue Welt hält sie auf immer verschlossen
Und Waffen und Hände hindern den Atem der Freiheit
Oh, du geliebte Stadt im Dunkel der Nacht
Stadt, in der ich lebe, Stadt meiner Sehnsucht.

(1951)

✦ ✦ ✦ ✦

(1929-2007)

Nokturno

Wenn einsam meine Tage werden
Und nicht mehr viele mir verbleiben
Das Leben nur noch Lichterspiel auf Fingerspitzen ist
Dann kommt herbei,
Ihr Augenblicke, die ihr meinen Körper labt
Und die ihr mich mit Glanz erfüllt!
Dann komm, o Sichelmond, und werd ein Lichterkranz!

Wenn die vergangne Jugendzeit sich klagend
Nach den Farben erster Junitage sehnt
Dann werde ich mich nicht voll Wehmut
Erinnern an vergangne Zeit der Liebe
Die auf der Bäume zarten Knospen
Schwer lastet in den ersten Junitagen

Ach, kommt!
Wieder zu mir selbst gekommen, muss ich nicht mehr fürchten
Die Schmeicheleien und das Locken meiner Träume
Mag doch, wenn ich bereit bin, wahr werden alle Bedrohung
Doch kommt erst ihr, ihr Augenblicke
Die ihr meinen Körper labt
Denn wenn es kein Erinnern gäbe, wäre alles hin!

Doch, ach! Ich heg' noch einen Wunsch
Nur, ihn auszusprechen, fehlt meinen Lippen die Kraft
Und aufs Neue werden meine Tage einsam
Aufs Neue immer einsamer.

(1951)

✦ ✦ ✦ ✦

Über die Freiheit

Freiheit ist die Heimat und das Meer aller Stimmen
Fürchte sie nicht

Freiheit ist die Heimat des Dichters und des Wanderers
Fürchte sie nicht

Freiheit ist die wahre, tiefe Liebe
Bring mich zu ihr.

(1953)

✦ ✦ ✦ ✦

(1929-2007)

Bettelmädchen

Du kleines Mädchen mit der Bettelbüchse
Wenn wir uns treffen, ist dein Lächeln stets
Zu ewig, um das Leid zu kennen
Du blickst auf, zu mir und zu dem roten Mond
Doch meine Stadt verschwand, ist seelenlos

Ich will mit dir gehen, kleines Mädchen mit der Bettelbüchse
Dorthin, wo du zu Hause bist
Unter die Schatten verschluckende Brücke
Ich will von leuchtenden Träumen leben
Froh sein in der Illusion des Glücks

Deine Welt ist höher als der Turm der Kathedrale
Und spiegelt sich in trüben Wasserpfützen
Dir aber ist all dies ein wohlvertrautes Bild
Deine Seele ist so rein, zu lauter
Um mein Leid mit mir zu teilen

Wenn du stirbst, du kleines Mädchen mit der Bettelbüchse
Dann wird der Mond dort oben keinem mehr gehören
Und meine Stadt, ach, meine Stadt
Wird ohne Sinnbild leben müssen.

(1955)

✦ ✦ ✦ ✦

Die Finger

Ebenmäßig seine Finger
Heute plündert er den Tand der Welt
Morgen bleibt ihm nur der Zeigefinger
Der auf die Erde weist:
Begrabt mich einfach hier!

(1929-2007)

An einen Toten

Wenn du mir vergibst, nur weil Vergeben gut ist
Hast du dich selber nie erkannt
Wenn ich dir vergebe, nur weil Vergeben gut ist
Wirst du dich nicht erkennen

Ist so viel Vergebung ach so vieler Sünden
Und sind so viele Sünden für so viel Vergebung
Nur für das Totenreich bestimmt
Wo man keine Leidenschaft und keine Güte kennt?

Doch ich werd' dir leider nicht vergeben können
Ohne mich selbst zu erkennen
Ohne dich zu erkennen
Wo ich doch jetzt und jung nicht sterben will.

✦ ✦ ✦ ✦

Gesicht

Ich sehe in der Fensterscheibe mein Gesicht
Darin glänzt grell der Tod, der einmal kommen wird
Nicht greifbar zwar, doch nah ist der Atem des Alters
Und ich weiß genau, das ist mein Gesicht.

✦ ✦ ✦ ✦

Toeti Heraty

TOETI HERAT
Männer — Du
— Jetzt erst
Der einsame
Silvesterfeier
Post-Scriptum

(*1933)

Y (*1933)
kle Momente
erstehe ich
ischer

Gebet

Männer

wer sagt denn:
»gepflückte Blumen verwelken schnell«
    (nun – derjenige, der sie in der Hand hält)

eine Frau
    sollte dankbar sein
    denn das Schicksal hat alles zu ihrem Besten gefügt
Schicksal? wenn die Welt sich ändert
    und dennoch Weihrauch aufsteigt
    in dem ewig selben Ritual?
sie hat stets ein hilfloses Lächeln auf den Lippen
    und so führt man sie am Handgelenk
    sanft in den Garten des Lebens
ihr Herz ist voller Bewunderung
für die männlichen Wesen, so als seien diese Götter!
und wer sagt denn:
    »ein heiliger Bund wird geschlossen
    zwischen zwei gottgleichen Wesen ......«

wie immer,
berechtigte Prätentionen
entstehen stets durch geheime Zeichen –
Knospen und Dornen, Lachen und Wut
– der Garten des Lebens ...

✦ ✦ ✦ ✦

*(*1933)*

Dunkle Momente

dunkle Momente einer Begegnung
              – magische Momente –
versunken in den Schoß
der Einsamkeit, der Steg, den man überqueren muss
ist steil und still, das All wird Zeuge
          der Wiederkehr des Schöpfungstages

nein, das ist keine Begegnung mehr
sondern
          Mitleid, das sich der Zeugenschaft entzieht

der Mensch ergibt sich seinem Hochmut
doch heimlich genießt er
die kosenden Finger und trinkt –
aus der Quelle des Lebens.

✦ ✦ ✦ ✦

Jetzt erst verstehe ich

    jetzt erst verstehe ich, was das alles bedeutet

jene Nacht,
    die Augen geschlossen, Trost suchend
    an deiner Brust, vergeblich der Versuch
    das bisschen Glück zu retten, denn die Welt
    gestattete es nicht, dass wir uns liebten

und jenes Grab,
    so klein und unscheinbar, wie groß und prächtig
    doch die andren Gräber waren, nicht mocht' ich
    unsren Schatz alleine lassen in der Dunkelheit
    heute nehme ich es hin, schweren Herzens zwar
    doch voller Blumen, das geliebte Kind
    ist uns vorausgegangen

ist es nicht so,
    dass die Herzen immer mehr versteinern
    und die Glut der Liebe einer Lust entstammt
    die nie zu stillen ist, obschon (oder gerade weil?)
    Geschenke, die umwunden sind mit roten
    gelben und orangefarbenen Bändern
    uns vom Leben in den Schoß geworfen werden

jetzt erst verstehe ich, was das alles bedeutet –
dass der Zeitpunkt kommen wird
da ich deinen Namen wieder rufen werde.

✦ ✦ ✦ ✦

Schluss

einmal muss man doch
dieses Leben hinter sich lassen
– verloschen ist die Glut der Liebesabenteuer –
und über unsere Träume lächeln wir
    heute ohne Reue
wie über so manche Begebenheit, von der nur Rauch blieb
    welcher aufsteigt, um sich mit den Wolken zu vereinen

ein paar Namen, ein paar Betten
wie viel Tinte floss umsonst
    – warum auch nicht?! –
den Staub von Büchern wischen und Notizen finden
    die kaum mehr zu entziffern sind
das ist ein Spiel, das seinen Reiz verloren hat

dies ist eine Erkenntnis: dieses Leben ist die Wirklichkeit
es ist so seltsam: dieses Leben ist die Wirklichkeit
Staunen und Erkenntnis manifestieren sich
    in vertrauten Gegenständen

dem Ball da, dem geliebten Teddybär
den roten abgetragenen Schuhen

dieses Leben ist die Wirklichkeit
gleich kommen die Kinder heim von einem Fest

✦ ✦ ✦ ✦

Der einsame Fischer

Herrlich ziehn die Wolken
am Mond vorbei, der lange schon
sich in die Einsamkeit gefunden hat

Und er zieht die Blicke auf sich
die gefangen sind im Netz der hellen Nacht
leere Blicke, deren Durst unstillbar ist

Mond, wenn still die Welt geworden ist
und die Menschen nicht mehr sind, für wen
glänzt dann dein güldener
von den Wolken gestreichelter Leib

Die Wolken ziehen fort, und du verfängst dich
im Geflecht von Zweigen, stürzt, versinkst im Meer
der Fischer zieht an Land dich mit den Fischen
dich, dessen Glanz verblichen ist

Nach getaner Arbeit will der Fischer heim
nichts lässt er am Ufer zurück
ach ja, da ist ja noch der Mond
(zappelnd, fast vergessen)
den hebt er auf mit netter Geste
wirft ihn zurück ins Meer

✦ ✦ ✦ ✦

Silvesterfeier

wer verbirgt sich hinter einer Maske?

    Böller und Feuerwerk
    viele Menschen, und doch Angst
    Farbenpracht und Jubel

ist das normal?

    alle sind froh, außer mir
    still stehle ich mich fort
    und werde froh

wer weiß

    vielleicht empfinden die anderen
    heimlich genauso

Post-Scriptum

Ein erotisches Gedicht
möchte ich schreiben, ein Gedicht
das die Dinge beim Namen nennt
und sie nicht umschreibt, überflüssig
wären darin Metaphern wie diese:
der Busen – ein Hügel
der weibliche Körper – das Reich der Geborgenheit
der Koitus – die innigste Umarmung

eins steht jetzt schon fest
beim Schreiben würde ich schwanken
zwischen Freimut und Verschweigen
zwischen Heuchelei und Ehrlichkeit.

✦ ✦ ✦ ✦

(*1933)

Gebet

Schreite im Licht
schreite unbesorgt
kümmere
dich nicht
um die späte Reue derer
die zurückgeblieben sind
mach dich frei
von den Erinnerungen
mach dich frei von allem, was schon fast vergessen ist
von allen unerfüllten Hoffnungen
vergib uns, wenn wir versagten
und vergib, dass wir dich jetzt begleiten
und dir diese geflüsterten Worte
mit auf die Reise geben
deine weite Reise

schreite im Licht
schreite unbesorgt
im Palast der Träume
in der Ewigkeit des Schlafs
schreite beglückt
in vollkommener Liebe
und tiefster
Versenkung

in einer einz'gen Träne
ertrinkt die Vergangenheit
was tief in ihr geschah
bleibt für alle Zeit verborgen –
was vereint einst war, ist jetzt geschieden
was verbunden war, ist jetzt getrennt
was fest war, bricht jetzt auseinander
nichts Dauerhaftes
gibt es mehr

vergiss
die Stricke, die dich fesseln
und die so schwer zu lösen sind
und deren Knoten
nur immer fester ziehen
das Auf und Ab des Lebens
seine Wirren
das immer tiefer sich Verirren in der Einsamkeit
die Leere und die Stille
deren Sinn dir heute noch verborgen ist
werden dich dereinst umarmen
um dann zu vergehen

vergib uns
die wir untreu waren
und dir nicht genügend Liebe schenkten
wir wahrten nur die Form
in den verklärten Erinnerungen
ertrank die Vergangenheit
und bleibt für alle Zeit verborgen
uns unerreichbar
hat sie sich nun
erfüllt
schreite im Licht
schreite unbesorgt
schreite
mit klarem Ziel.

✦ ✦ ✦ ✦

Rendra

RENDRA (193
Die Predigt
Schwanenges
Jakartas, vere

(1935-2009)

Die Predigt

Phantastisch.
An einem heißen Sonntagvormittag
in einer Kirche voller Menschen
ein junger Priester auf der Kanzel steht.
Sein Gesicht ist hübsch und rein,
seine Augen sanft wie Augen von Kaninchen,
und seine reinen, lilienfeinen
Hände streckt er hoch und spricht:
»Jetzt lasst uns auseinandergehen.
Heute fällt die Predigt aus.«

Die Menschen rühren sich nicht von der Stelle.
Sie bleiben sitzen dicht gedrängt. Viele stehen.
Sie sind wie erstarrt, sie tun keinen Schritt.
Starrenden, fragenden Blicks,
offen ihre Münder,
die zu beten aufgehört,
wollen sie noch etwas hören.
Dann plötzlich seufzen sie,
und mit diesem seltsamen Laut aus den Mündern
verbreitet sich starker Geruch,
den man schleunigst tilgen müsste.

»Seht doch, ich bin noch so jung.
Erlaubt mir, dass ich mich um meine eigene Seele
  kümmere.
Geht jetzt bitte
und erlaubt, dass ich das Heilige verehre.
Ich kehre zurück in mein Kloster
und werd' mich in die Herrlichkeit des Herrn
  versenken.«

Wieder seufzen die Menschen.
Keiner weicht vom Fleck.
Ihre Gesichter spiegeln Qual.
Ihre Augen fragen.
Ihre Münder offen,
verlangen sie nach Worten.

»Weh mir, diese Menschen bitten um Rat und
  Führung!
Mein Gott, warum lässt du mich gerad' jetzt allein?
Wie eine Meute gieriger Wölfe
reißen sie ihre Mäuler auf.
Es ist so heiß. Und ich hab' in die Hose gemacht.
Vater. Vater. Warum hast du mich verlassen?«

Immer noch weicht keiner vom Fleck.
Nass sind ihre Gesichter.
Nass ihre Haare.
Nass sind sie von Kopf bis Fuß.
Schweiß rinnt auf den Boden,
weil es so heiß ist,
ihre Qualen so groß sind.
Es stinkt nach Fäulnis.
Und ihre Fragen stinken ebenso.

»Meine Brüder und Schwestern,
ihr Kinder des Himmlischen Vaters.
Dieses ist meine Predigt.
Meine allererste Predigt.
Ja, das Leben ist schwer,
düster und schwer.
Es gibt so viel Leid auf der Welt.
Und deshalb
lautet die Lebensweisheit ra-ra-ra.
Ra-ra-ra, hum-pa-pa, ra-ra-ra.
Seht die Weisheit der Eidechse,
die Gott geschaffen hat und liebt.
Legt euch auf den Boden.
Denn seht:
Eure Seelen sind zwischen Steinen eingeklemmt,
grün,
bemoost,
wie eine Eidechse ra-ra-ra,
wie ein Skorpion hum-pa-pa.«

(1935-2009)

Und von der Menge tönt es wie aus einem Mund:
Ra-ra-ra. Hum-pa-pa.
Donnernd schallt es durch die Kirche:
Ra-ra-ra. Hum-pa-pa.

»Die Männer, die Gewehre lieben
und das Banner der Wahrheit
auf die Spitze ihrer Bajonette spießen,
bitte ich zu beachten,
dass lu-lu-lu, la-li-lo-lu.
Richtet eure Nasen in die Höhe,
damit ihr nicht seht, auf wen ihr tretet.
Denn so geht li-li-li, la-li-lo-lu.
Wischt das Blut von euren Händen,
damit ich nicht mehr zittern muss.
Dann könnten wir gemeinsam Tee trinken
und über das Leid in der Gesellschaft plaudern
oder auch über Leben und Tod.
Das Leben ist voller Leid und Sünde.
Das Leben ist Lug und Trug.
La-la-la, li-li-li, la-li-lo-lu.
So lasst uns denn die Sonne erschießen!
Wir zielen so genau wie möglich.«

Voller Lust erwidert die Menge:
La-la-la, li-li-li, la-li-lo-lu.
Sie stehen auf, stampfen mit den Füßen.
Stampfen gemeinsam und in einem Rhythmus.
Ihre Stimmen vereinigen sich zu:
La-la-la, li-li-li, la-li-lo-lu.
Hingerissen von der Macht ihrer Einheit,
schreien sie gemeinsam,
präzise und in einem Rhythmus:
La-la-la, li-li-li, la-li-lo-lu.

»So, jetzt leben wir wieder.
Spüren den mächtigen Pulsschlag des Blutes.
Im Kopf. Im Hals. In der Brust.
Im Bauch. Und im ganzen Körper.
Seht, vor lauter Leben zittern meine Finger.
Das Blut ist bong-bong-bong.
Des Blut des Lebens ist bang-bing-bong.
Das Blut gemeinsamen Lebens:
   bang-bing-bong-bong.
Im Leben muss es gesellig zugehen.
Blut muss sich mischen mit Blut.
Bong-bong-bong. Bang-bing-bong.«

Die Menge explodiert vor Lebenslust.
Steht auf den Kirchenbänken,
stampft mit den Füßen.
Glocken, Orgel, Türen, Fensterscheiben,
auf alles trommelt man,
alles wird zum Klingen gebracht.
In einem Rhythmus,
begleitet von den Jubelrufen:
Bong-bong-bong. Bang-bing-bong.

»Wir müssen die Liebe preisen.
Die Liebe im Gebüsch.
Die Liebe im arabischen Laden.
Die Liebe hinter dem Kirchhof.
Liebe ist Einheit und tra-la-la.
Wie das Gras
müssen wir uns mehren,
in Einheit und Liebe.
Kommt, wir vernichten uns selbst.
Lasst uns im hohen Gras Schutz suchen.
Unsere Richtlinie ist:
Tra-la-la. La-la-la. Tra-la-la.«
Die Gemeinde tobt.
Die Menschen beginnen zu tanzen, einem
   Rhythmus folgend.
Körper schmiegen sich aneinander.
Männer an Frauen. Männer an Männern.

Frauen an Frauen. Sie reiben einander mit ihren
   Körpern.
Und einige reiben ihre Körper an der Kirchenwand.
Und mit schauerlichen, seltsamen Stimmen
schreien sie gleichzeitig gellend:
Tra-la-la. La-la-la. Tra-la-la.

»Durch den heiligen Propheten Moses
hat Gott uns verkündet:
Du sollst nicht stehlen.
Kleine Beamte
sollen kein Kohlepapier stehlen.
Hausmädchen
sollen keine Hähnchenknochen stehlen.
Hohe Herren
sollen kein Benzin stehlen.
Und Jungfrauen
sollen sich nicht selbst entjungfern.
Gewiss, Stehlen und Stehlen ist nicht immer
   dasselbe.
Denn: Cha-cha-cha, cha-cha-cha.
Alle Dinge sind von Gott.
Alles muss gerecht verteilt werden.
Alles gehört allen.
Alles ist für alle da.
Wir müssen einig sein. Füreinander dasein.
Cha-cha-cha, cha-cha-cha.
Danach richten wir uns.«

Wie Tiere brüllen sie:
Grrr-grrr-hura. Hura.
Cha-cha-cha. Cha-cha-cha.
Sie reißen die Fenster aus den Scharnieren.
Plündern die Kirche.
Die Kandelaber. Die Vorhänge. Die Teppiche.
Das Silbergeschirr.
Die mit Juwelen geschmückten Figuren.
Cha-cha-cha, so singen sie.

Cha-cha-cha, skandieren sie.
Die Kirche stürzt ein.
Cha-cha-cha.
Wie Tiere, nass vor Schweiß und schnaufend,
laufen sie hin und her.
Cha-cha-cha. Cha-cha-cha.

Plötzlich das gellende Schreien einer alten Frau:
»Ich habe Hunger. Hun-gerr, Huun-gerrrr.«
Und plötzlich haben alle Hunger.
Ihre Augen glühen,
und sie schreien immer weiter cha-cha-cha.

»Jetzt, wo wir schon hungrig werden,
lasst uns besser auseinandergehen.
Los, geht heim. Wir machen Schluss.«

Cha-cha-cha, rufen sie,
und ihre Augen glühen.

»Wir gehen auseinander.
Messe und Predigt sind beendet.«

Cha-cha-cha, rufen sie.
Sie hören nicht auf.
Sie drängen nach vorne.
Die Kirche ist zerstört.
Und ihre Augen glühen.

»Gott bewahre! Gedenkt doch der Leiden Christi!
Wir alle sind doch seine Kinder.
Hunger muss durch Weisheit überwunden werden.«

Cha-cha-cha.
Sie rücken vor und schlagen gegen die Kanzel.
Cha-cha-cha.
Sie zerren den Priester von der Kanzel herunter.
Cha-cha-cha.

(1935-2009)

Sie reißen ihm den Talar vom Leib.
Cha-cha-cha.
Eine fette Frau küsst seinen hübschen Mund.
Eine alte Frau leckt seine nackte Brust.
Und die Mädchen ziehen an seinen Beinen.
Cha-cha-cha.
Und dann wird er vergewaltigt, von allen Frauen.
Cha-cha-cha.
Danach zerhacken sie seinen Körper.
Alle essen sein Fleisch. Cha-cha-cha.
Feiern ein Fest im Gefühl der Einheit.
Sie trinken sein Blut.
Sie saugen das Mark aus seinen Knochen.
Vollständig wird er verspeist.
Nichts bleibt übrig.
Phantastisch.

✦ ✦ ✦ ✦

Schwanengesang

Der Bordellbesitzer hatte dies zu ihr gesagt:
»Schon zwei Wochen liegst du krank im Bett.
Und dir geht's immer schlechter.
Du schaffst nicht mehr an,
hast sogar Schulden bei mir.
Nur noch ein Kostgänger bist du,
den ich mir nicht länger leisten kann.
Noch heute musst du gehen.«

(Der Engel, der das Tor zum Paradies bewacht
und dessen Antlitz streng ist, missgünstig,
zeigt mit einem flammenden Schwert
anklagend auf mich,
so dass mir das Blut in den Adern erstarrt.
Maria Zaitun ist mein Name.
Bin eine arme Hure.
Nicht hübsch und ziemlich alt.)

Zwölf Uhr mittags.
Die Sonne glüht im Zenit.
Kein Wind. Keine Wolken.
Maria Zaitun verlässt das Bordell.
Ohne Koffer.
Nichts besitzt sie mehr.
Ihre Freundinnen schauen weg.
Schwankend geht sie fort.
Sie fiebert.
Die Syphilis brennt ihr im Körper.
Sie ist übersät mit Geschwüren:
Zwischen den Schenkeln,
am Hals, unter den Achseln und an den Brüsten.
Ihre Augen sind rot, ihre Lippen trocken,
und ihr Zahnfleisch blutet.
Ihr Herz schmerzt wieder,
und sie geht zum Arzt.
Dort warten viele Patienten.
Sie setzt sich,
doch plötzlich rücken alle von ihr weg
und halten sich die Nase zu.
Wütend fährt sie auf.
Die Schwester kommt
und schiebt sie hastig aus dem Wartezimmer.
Sie soll sofort an die Reihe kommen,
und niemand protestiert dagegen.

»Maria Zaitun«, sagt der Arzt,
»du schuldest mir schon eine ganze Menge Geld.«
»Das stimmt«, antwortet sie.
»Hast du denn heute Geld dabei?«
»Nein, leider nicht.«
Der Arzt schüttelt den Kopf
und sagt, sie soll sich ausziehen.
Es tut ihr weh, als sie ihre Bluse öffnet,
denn die klebt an den Geschwüren unter den
    Achseln.
»Das genügt«, sagt der Arzt
und verzichtet auf eine Untersuchung.
Der Schwester flüstert er zu:
»Geben Sie ihr eine Vitamin-C-Spritze!«
Erstaunt flüstert die Schwester zurück:
»Vitamin C?
Herr Doktor, sie braucht doch mindestens
    Salvarsan.«
»Wozu?
Sie kann nicht bezahlen.
Und sie ist sowieso schon halb tot.
Was braucht sie noch teure Medizin,
auch noch aus dem Ausland importierte?«

(Der Engel, der das Tor zum Paradies bewacht
und dessen Antlitz neidisch ist und missgünstig,
zeigt mit dem flammenden Schwert
anklagend auf mich.
Ich zittere vor Furcht.
Fühle nichts. Denke nichts.
Maria Zaitun ist mein Name.
Bin eine Hure, verängstigt und verflucht.)

(1935-2009)

Ein Uhr mittags.
Die Sonne steht immer noch im Zenit.
Maria Zaitun geht barfuß,
und der schlechte Asphalt
schmilzt unter ihren Füßen.
Zu einer Kirche geht sie, will hinein,
doch die Türen sind verschlossen,
weil man Angst vor Dieben hat.
So geht sie zum Pfarrhaus und schellt.
Der Küster macht auf und fragt:
»Was willst du?
Der Herr Pfarrer ist beim Mittagessen,
und jetzt ist keine Sprechstunde.«
»Verzeihen Sie. Ich bin krank.
Es ist wirklich dringend.«
Der Küster mustert ihren
schmutzigen, stinkenden Körper
und sagt:
»Du kannst warten, aber bleib hier draußen.
Ich werde den Herrn Pfarrer fragen, ob er Zeit für
   dich hat.«
Dann geht er und schließt die Tür.
Maria Zaitun wartet, und die Hitze peinigt sie.
Nach einer Stunde erscheint endlich der Pfarrer,
reinigt seine Zähne von Essensresten,
zündet sich eine Zigarre an und fragt:
»Was willst du?«
Weingeruch entströmt seinem Mund.
Seine Sandalen sind aus Krokodilleder.
Maria Zaitun antwortet:
»Ich möchte beichten.«
»Aber jetzt ist keine Beichtgelegenheit.
Um diese Zeit bete ich immer.«
»Ich werde bald sterben.«
»Bist du denn krank?«
»Ja, ich habe Syphilis.«
Als der Pfarrer das hört,
weicht er zwei Schritte zurück.

Sein Gesicht ist schreckverzerrt.
Schließlich stammelt er:
»Bist du denn – äh – ein Flittchen?«
»Ja, ich bin eine Hure.«
»Heiliger Petrus! Aber du bist katholisch!«
»Ja.«
»Heiliger Petrus!«
Drei Sekunden Schweigen.
Die Sonne brennt unerbittlich.
Dann spricht der Pfarrer weiter:
»Du wurdest zur Sünde verleitet.«
»Nicht verleitet.
Ich habe ganz einfach immer wieder gesündigt.«
»Der Teufel hat dich dazu getrieben.«
»Nein. Die Armut hat mich dazu getrieben.
Und ich konnte keine Arbeit finden.«
»Heiliger Petrus!«
»Heiliger Petrus! Pater, hört mich an.
Ich will nicht wissen, warum ich gesündigt habe.
Ich weiß, dass ich mein Leben vertan habe.
Jetzt weiß ich nicht mehr ein noch aus.
Ich werde sterben,
und ich fürchte mich so sehr.
Ich brauche Gott oder irgendeinen,
der mir hilft und zu mir steht.«
Rot vor Zorn wird da des Pfarrers Gesicht.
Anklagend zeigt er auf Maria Zaitun.
»Du bist ja wild wie eine Tigerin.
Mag sein, dass du verrückt wirst.
Aber sterben wirst du nicht.
Du brauchst keinen Pfarrer.
Was du brauchst, ist ein Psychiater.«

(Der Engel, der das Tor zum Paradies bewacht
und dessen Antlitz stolz ist, missgünstig,
mit dem flammenden Schwert
zeigt er anklagend auf mich.
Ich bin erschöpft und kraftlos.

Kann nicht weinen. Kann nicht sprechen.
Maria Zaitun ist mein Name.
Bin eine durstige, hungrige Hure.)

Drei Uhr nachmittags.
Immer noch brennt die Sonne.
Und immer noch weht kein Wind.
Maria Zaitun geht auf Zehenspitzen
die glühende Straße entlang.
Plötzlich rutscht sie auf Hundedreck aus.
Sie fällt nicht hin, doch Blut
tropft aus den Geschwüren zwischen den
    Schenkeln
und rinnt ihre Beine entlang.
Wie eine kalbende Kuh
geht sie breitbeinig weiter.
Auf dem Marktplatz bleibt sie stehen.
Ihr flimmert's vor den Augen.
Sie hechelt. Sie hat Hunger.
Die Leute weichen ihr aus.
Sie geht zum Hintereingang eines Restaurants,
greift sich Essensreste aus der Mülltonne
und wickelt sie sorgfältig in Bananenblätter.
Dann verlässt sie die Stadt.

(Der Engel, der das Tor zum Paradies bewacht
und dessen Antlitz kalt ist, missgünstig,
zeigt mit dem flammenden Schwert
anklagend auf mich.
Erhabener, hör mich an.
Maria Zaitun ist mein Name.
Bin eine hilflose Hure, zitternd vor Furcht.)

Vier Uhr nachmittags.
Langsam wie eine Schnecke schleppt sie sich fort.
In ihrer Hand immer noch das Päckchen
    Essensreste,
das sie noch nicht angerührt hat.

Schweißüberströmt.
Strähnig das Haar.
Schmal und grün das Gesicht,
wie eine vertrocknete Limone.

Dann ist es fünf Uhr.
Sie ist nun außerhalb der Stadt.
Die Straße ist staubig, nicht mehr asphaltiert.
Sie blickt in die Sonne,
und langsam sagt sie: »Du Verfluchte!«
Nachdem sie noch einen Kilometer gegangen ist,
verlässt sie die Straße,
schlägt den Weg zu den Reisfeldern ein
und geht auf den Dämmen zwischen den Feldern.

(Der Engel, der das Tor zum Paradies bewacht
und dessen Antlitz schön, doch voller Missgunst ist,
weist mich ab
mit dem flammenden Schwert.
Angewidert
sticht er mit seinem mächtigen Schwert
zwischen meine Schenkel.
Höre, Erhabener,
Maria Zaitun ist mein Name.
Eine verlorene Hure.
Eine verachtete Hure.)

Sechs Uhr abends.
Maria Zaitun gelangt zu einem Fluss.
Der Wind weht.
Die Sonne geht unter.
Die Dämmerung bricht herein.
Erleichtert lässt sie sich am Flussufer nieder.
Wäscht ihre Füße, ihre Hände, ihr Gesicht.
Dann isst sie langsam,
hört aber bald auf.
Sie fühlt sich noch schwach,
doch sie vermag nichts mehr zu essen.
Dann trinkt sie vom Wasser des Flusses.

(1935-2009)

(Engel, der du das Tor zum Paradies bewachst,
merkst du nicht, dass die Dämmerung
    hereingebrochen ist,
dass der Wind von den Bergen weht
und der Tag zur Ruh' sich legt?
Der Engel, der das Tor zum Paradies bewacht,
hat mich ohne Nachsicht abgewiesen.
Er steht da, einer Statue gleich,
und es flammt sein Schwert.)

Sieben Uhr. Es wird Nacht.
Insekten summen.
Das Wasser plätschert gegen die Steine.
Die Bäume und Sträucher an den Ufern
stehen still
und glänzen im Mondenschein.
Maria Zaitun fürchtet sich nicht mehr.
Sie erinnert sich an Kindheit und Jugend.
Als sie mit der Mutter im Flüsschen badete,
auf Bäume kletterte
und mit dem Geliebten Fische fing.
Sie fühlt sich nicht länger einsam,
und verschwunden ist all' ihre Furcht,
so als sei sie bei einem alten Freund.
Doch dann will sie erzählen,
wie es in ihrem Leben weiterging.
Da wird sie sich wieder ihres Scheiterns bewusst.
Sie ist verzweifelt, sie weint,
und erzählt alles ihrem Freund.

(Der Engel, der das Tor zum Paradies bewacht
und dessen Antlitz kalt ist, missgünstig,
ist nicht bereit, mir zuzuhören.
Er will mir nicht in die Augen schauen.
Sinnlos ist es, ihn anzusprechen.
Hochmütig steht er da.
Und es flammt sein Schwert.)

Die Zeit.
Der Mond.
Die Bäume.
Der Fluss.
Die Geschwüre.
Die Syphilis.
Die Frau.
Wie ein Spiegel
wirft der Fluss das gleißende Licht zurück.
Es schimmert das Gras.
Der Mond.

Da erscheint am anderen Ufer des Flüsschens ein
    Mann.
Er ruft: »Maria Zaitun, bist du es?«
»Ja«, erwidert Maria Zaitun erstaunt.
Der Mann durchquert das Flüsschen.
Er ist kräftig und schön.
Lockig sein Haar und groß seine Augen.
Maria Zaituns Herz schlägt schneller.
Ihr scheint, als habe sie diesen Mann bereits
    einmal gesehen.
Doch sie weiß nicht, wo.
Eines ist klar: Es war nicht im Bett.
Leider, denn sie mag Männer wie diesen da.
»Hier also begegnen wir uns«, sagt der Mann.
Maria Zaitun weiß nichts zu erwidern.
Und noch während sie staunt,
beugt der Mann sich über sie und küsst ihren
    Mund.
Es schmeckt, als trinke sie süße Kokosmilch.
Nie hat sie solchen Kuss verspürt.
Dann öffnet der Mann ihre Bluse.
Sie wehrt sich nicht, sie will es.
Sie gibt sich hin.
Sie hält die Augen geschlossen
und fühlt sich, als segele sie
in ein noch unbekanntes Meer.

Und als es zu Ende ist,
sagt sie verliebt:
»Anfangs dachte ich, es sei nur ein Traum,
dass ich so etwas erleben darf.
Nie habe ich zu hoffen gewagt,
dass ein Mann, so schön wie du,
mir einmal begegnen würde.«
Voller Respekt schaut der Mann sie an.
Dann lächelt er achtungsvoll und milde.
»Wie heißt du«, fragt Maria Zaitun.
»Bräutigam«, antwortet er.
»Ach. Du scherzt.«
Und während sie dies sagt,
beginnt sie, den Mann von Kopf bis Fuß zu küssen.
Plötzlich hält sie inne.
Sie entdeckt die Narben am Körper ihres Helden.
An seiner linken Brust.
An seinen beiden Händen.
An seinen beiden Füßen.
Und leise sagt Maria Zaitun:
»Ich weiß, wer du bist.«
Dabei schaut sie ihn an und hat erkannt.
Er nickt und sagt: »Ja. Ich bin es.«

(Der Engel, der das Tor zum Paradies bewacht
und dessen Antlitz böse ist und missgünstig,
kann nichts tun
mit seinem flammenden Schwert.
Er erstarrt zu Eis.

Wagt nicht mehr, auf mich zu zeigen.
Nicht länger mehr fürchte ich mich.
Vorbei sind Leid und Einsamkeit.
Ich tanze hinein in das Paradies
und esse die Äpfel nach Herzenslust.
Maria Zaitun heiße ich.
Bin beides, Hure und Braut.)

✦ ✦ ✦ ✦

(1935-2009)

Huren Jakartas, vereinigt euch!

Die Huren Jakartas,
die teuren und die billigen,
hat man geschunden,
hat man gejagt.
Sie sind verängstigt
und verwirrt,
eingeschüchtert und gedemütigt.

Bereut, was ihr bereuen müsst.
Doch gebt nicht alle Hoffnung auf.
Und lasst nicht zu, dass ihr zu Opfern werdet.

Los, ihr Huren Jakartas.
Erhebt euch jetzt.
Kämmt euer Haar.
Denn nach all der Reue
ist es jetzt an der Zeit,
anzugreifen,
statt immer nur sich zu verteidigen.
Denn:
Bereut, was ihr bereuen müsst,
doch lasst nicht zu, dass ihr zu Opfern werdet.

Sarinah!
Erzähl ihnen doch, wie das war,
als man dich in die Gemächer des Ministers führte.
Wie er dir lang und breit
vom Kampf für Volk und Vaterland erzählte
und plötzlich, wie aus heiterem Himmel,
meinte, du seist die Inspiration seiner Revolution,
derweil er deinen Büstenhalter öffnete.

Und du, Dasima.
Berichte dem Volk,
wie die Führer der Revolution
einander abwechselnd dich umarmten
und über das Wohl des Volkes
und das Feuer der Revolution redeten,
indes ihre Hosen nass wurden
und ihre schlaffen Körper
sich an dir abmühten.
Wie schnell doch machten sie schlapp und konnten
    nicht mehr.

Politiker und hohe Beamte
sind perfekte Gauner.
Ihre Kongresse und Konferenzen
würde ohne euch nicht funktionieren.
Ihr habt nie »Nein« sagen können,
denn Hunger macht ängstlich,
und ihr lebt ja in Elend und Not,
habt lange vergeblich Arbeit gesucht.
Eure Schulzeugnisse haben euch nichts genutzt.
Denn die Abteilungsleiter
hätten euch nur dann eine Chance gegeben,
wenn ihr bereit gewesen wärt, die Schenkel zu
    spreizen.
Und abgesehen von den Amtsstuben
gibt's nur noch heruntergekommene Betriebe,
die auch keine Arbeitsplätze bieten.
Die Revolution der Führer
war eine Revolution von Göttern.
Sie kämpften für ein Paradies im Himmel,
nicht aber für eines hier auf Erden.
Eine Revolution von Göttern
hat noch nie
zu mehr Arbeitsplätzen
für das Volk geführt.
Ihr gehört zu den Arbeitslosen,
die sie geschaffen haben.
So bereut,
was ihr bereuen müsst.
Doch gebt nicht alle Hoffnung auf, und lasst nicht
    zu, dass ihr zu Opfern werdet.

Huren Jakartas!
Lasst euch nicht länger einschüchtern.
Als ich in der Zeitung las,
was diese Narren mit euch treiben,
dass sie nun euch für die Misere des Staates
verantwortlich machen,
schäumte ich vor Wut.
Ihr seid meine Freundinnen.
So weit dürfen sie nicht gehen.
Mein Gott!
Diese Narren.
Selbst den Sex haben sie politisiert.
Meine Schwestern.
Euch abzuschaffen
ist nicht so leicht, wie eine politische Partei
    aufzulösen.
Sie müssten euch Arbeit geben.
Sie müssten euer Ansehen wiederherstellen.
Sie müssten die Schuld mittragen.

Meine Schwestern. Vereinigt euch!
Nehmt Stangen
und lasst eure Büstenhalter auf den Spitzen
    flattern.
Tragt sie durch die ganze Stadt
wie Banner, die jene besudelt haben.
Jetzt ist es an euch, Forderungen zu stellen.
Sagt ihnen:
Der Plan, die Prostitution abzuschaffen,
ohne gleichzeitig vorzuschlagen,
dass man ehemalige Huren heiraten soll,
ist leeres Geschwätz.

Huren Jakartas,
meine Schwestern.
Zittert nicht länger vor den Männern.
Leicht könnt ihr die Heuchler entlarven.
Verdoppelt eure Preise,
und sie werden zappeln wie Fische im Netz.
Streikt einen Monat lang,
und sie werden nicht ein noch aus wissen,
bis sie es mit der Frau des eigenen Bruders treiben.

✦ ✦ ✦ ✦

Taufiq Ismail

TAUFIQ ISMA
Warten ___ Di
___ Was wäre
Gebt mir Indo
___ Auf d
einer Mosche

(*1935)

Warten

Warten ist Einsamkeit
Warten ist Poesie
Warten ist Schmerz
Warten ist:

Ein Bahnhof
In einem einsamen Land
Die Nacht steht da
Dein Gesicht und meines
Ist das alles Wirklichkeit?

Einsamkeit hat schwarzes Haar
Einsamkeit hat weißes Haar
Einsamkeit ist eine Bank im Wartesaal
Ist die alte Uhr, die dort oben tickt

Einsamkeit schläft nie
Einsamkeit ist ein stummer Gast
Bietet dir eine Zigarette an

Einsamkeit wandert überall hin
Die Einsamkeit des Lärms der Stadt
Die Einsamkeit des Schlachtfelds
Die Einsamkeit eines Skeletts

Eine Welt voller Schrecken
Gebietet uns zu warten
Fahrkarten hier, und dort ein alter Koffer
Die Reise scheint endlos zu sein

Warten ist Einsamkeit
Warten ist Schmerz
Warten ist ein Rätsel
Warten ist so.

(1967)

✦ ✦ ✦ ✦

(*1935)

Dieses Formular

Wer du bist? Eine Nummer
Eine Reihe amtlicher Buchstaben
In lateinischer Schrift
Vom Schalter am Ende der langen Schlange
Eilst du heraus aus dem Gebäude ...
Draußen erwarten dich bereits die Sonne
Stimmen und Gesetze
Noch bevor du draußen bist
Gibt man dir an der Pforte noch ein Blatt Papier
Weißes Papier. Und einen Rucksack
Du wolltest ein wenig zu schnell das Gebäude verlassen
Draußen erwartet dich ein Feld

Linien
    Linien des Windes   Linien des Sturms
    Linien der Stimmen
Imaginäre gerade Linien, an ihrem Endpunkt ein Pünktchen
Metall. Wer ich bin?
Ein Anti-Prozess
Eine erhobene Hand

    »Bleib stehen!«

Eine aufgeregte Libelle
Eine flatternde, steil landende Amsel
    Die Reisvögel beginnen zu singen
Auf den Reispflanzen in den Feldern
Über den Dämmen der Geschichte
    Dahinter fließt ein Fluss
    In Linien

Geographischen Linien Senkrechten geraden Linien
    Granitlinien

✦ ✦ ✦ ✦

Was wäre, wenn

Was wäre, wenn Adam damals nicht den Apfel, sondern eine
    Avocado-Frucht gegessen hätte.
Was wäre, wenn die Erde nicht rund, sondern viereckig wäre.
Was wäre, wenn wir unsere jetzige Nationalhymne abschaffen
    und den Auftrag zur Komposition einer neuen an
    unsere beste Pop-Gruppe vergebe würden.
Was wäre, wenn Hanoi die Hauptstadt von Amerika und
    Monaco die Hauptstadt Indonesiens wäre.
Was wäre, wenn es heute Abend um elf in Jakarta schneien würde.
Was wäre, wenn sich beweisen ließe, dass unsere Politiker
    Ali Murtopo, Ali Sadikin und Ali Wardhana Popsongs komponieren.
Was wäre, wenn Indonesien seine Schulden mit Darbietungen
    seines Dichters Rendra bezahlen würde.
Was wäre, wenn all das, was wir erhoffen, Wirklichkeit
    würde und all das, was eintritt, vorher von uns auch
    so geplant worden wäre.
Was wäre, wenn die Akustik auf der Erde so gut wäre, dass
    man in seinem Schlafzimmer das Fallen der Bomben in
    Vietnam hören könnte, die Schritte der Millionen von
    Flüchtlingen, das Donnern der alles überschwemmenden
    Fluten und der Erdbeben, die Stimmen der jungen
    Leute beim Liebesspiel sowie das Dröhnen der
    Industrieanlagen und das Gebrüll der Tiere in Afrika.
Was wäre, wenn es der Regierung erlaubt wäre zu protestieren
    und das einfache Volk über die Proteste zu befinden hätte.
Was wäre, wenn man mit der Kunst von nun an aufhören und
    stattdessen Viehzucht treiben würde.
Was wäre, wenn der Zeitpunkt käme, an dem wir nicht mehr
    fragen müssten, was wohl wäre, wenn.

(1971)

✦ ✦ ✦ ✦

(*1935)

Gebt mir Indonesien zurück!

Indonesiens Zukunft sind zweihundert Millionen aufgesperrte Mäuler.
Indonesiens Zukunft sind 15-Watt-Birnen, einige weiß, einige schwarz,
      die abwechselnd leuchten.
Indonesiens Zukunft ist ein Tischtenniswettkampf den ganzen Tag
      und die ganze Nacht hindurch mit Bällen in der Form
      von Gänseeiern.
Indonesiens Zukunft ist die Insel Java, die unter der Last ihrer hundert
      Millionen Bewohner im Meer versinkt.
         Gebt mir
         Indonesien
         zurück!
Indonesiens Zukunft sind eine Million Menschen,
      die den ganzen Tag und die ganze Nacht hindurch mit Gänseeierbällen
      und unter dem Licht von 15-Watt-Birnen Tischtennis spielen.
Indonesiens Zukunft ist die Insel Java, die unter ihrer Last
      langsam im Meer versinkt und über der dann
      Gänse umherschwimmen.
Indonesiens Zukunft sind zweihundert Millionen aufgesperrte
      Mäuler, in denen 15-Watt-Birnen stecken, einige weiß,
      einige schwarz, die abwechselnd leuchten.
Indonesiens Zukunft sind weiße Gänse, die Tischtennis
      spielend über der untergegangenen Insel Java umherschwimmen
      und hundert Millionen 15-Watt-Birnen auf den Meeresgrund legen.
         Gebt mir
         Indonesien
         zurück!
Indonesiens Zukunft ist ein Tischtenniswettkampf
      den ganzen Tag und die ganze Nacht hindurch
      mit Bällen in der Form von Gänseeiern.
Indonesiens Zukunft ist die Insel Java, die unter der Last
      ihrer hundert Millionen Bewohner im Meer versinkt.
Indonesiens Zukunft sind 15-Watt-Birnen, einige weiß,
      einige schwarz, die abwechselnd leuchten.
Indonesiens Zukunft sind zweihundert Millionen
      aufgesperrte Mäuler.
         Gebt mir
         Indonesien
         zurück!

✦ ✦ ✦ ✦

Auf der Suche nach einer Moschee

Ich hörte von einer Moschee,
    deren Säulen die Bäume des Waldes sind.
    Sie steht auf einem Fundament
    aus feinstem Marmor und Korallen,
    in die Wolken ragt ihr mächtiges Dach,
    und glattgeschliffen
    von den Stürmen aus Norden und Süden,
    blendet ihre Kuppel die Augen der Betrachter.

Sehnsucht ergriff mich nach dieser Moschee,
    und ich machte mich auf, sie zu suchen.

Ich hörte, dass ihre Wände durchsichtig sind,
    und dass sie verziert ist mit Gravuren,
    Versen aus dem heiligen Koran,
    in Gold und Silber,
    verziert mit Blütenmustern,
    ebenmäßig wie Waben,
    mit ineinander rankenden Ästchen und Sprossen,
    die wie das Abbild eines Wirbelwindes sind.

Sehnsucht ergriff mich nach dieser Moschee,
    und ich machte mich auf, sie zu suchen.

Ich hörte, dass ihre Minarette
    bis in den Äther ragen.
    Und es erschallt von ihnen
    unablässig der Ruf zum Gebet,
    der die Erde wie ein Gürtel umspannt.
    Und Engel spinnen den Schall zu goldenen Fäden
    in Millionen von Gebetsteppichen,
    in all den Häusern, die der Schall erreicht.

Sehnsucht ergriff mich nach dieser Moschee,
    und ich machte mich auf, sie zu suchen.

*(*1935)*

Ich hörte von einer Moschee in einem Park,
    so groß, dass, wenn man ihn zum Lohor betritt,
    man selbst bis zum Asar
    der Beter erste Reihe nicht erreicht,
    so dass, damit man keine Zeit verliert,
    man irgendwo sich niederlässt zum Beten
    in dieser wundersamen riesigen Moschee.

Sehnsucht ergriff mich nach dieser Moschee,
    und ich machte mich auf, sie zu suchen.

    Ich hörte, dass in den Räumen neben der Mihrab
    sich eine unermesslich große Bibliothek befindet,
    in der die Menschen voll Hingabe lesen
    unter kristallenen brillantverzierten Lüstern,
    worin der Sonne Licht gespeichert ist.
    Dort sieht man, wie Myriaden von Wörtern
    wohlgeordnet in der Menschen Herzen dringen,
    um wertvolles Wissen und Weisheit zu sein.
    So sagte man mir, geschieht es neben der Mihrab,
    in einer Bibliothek mit Millionen von Büchern,
    in unserer Moschee.

Sehnsucht ergriff mich nach dieser Moschee,
    und ich machte mich auf, sie zu suchen.

Ich hörte von einer Moschee,
    deren Vorraum und Inneres Orte sind,
    wo die Menschen zusammensitzen,
    um über die Welt mit offenen Herzen zu sprechen.
    Wo kaum einmal ein Streit entsteht
    und wo ein jeder Streit geschlichtet wird
    in brüderlicher Eintracht.
    Denn erwärmt sind die Seelen der Menschen
    durch jene Teppiche,

die ausgebreitet liegen in jener Moschee,
nach der ich mich sehne,
die ich umherstreifend suche
und die ich finden muss,
wo immer sie auch sei.

Es kam ein Tag, da folgte ich der Sonne.
    Sie stand noch im Zenit.
    Doch überschritten war plötzlich die Skala am Quadranten,
    und so ging die Sonne jäh im Westen unter.
    Da hörte ich den süßen Klang des Azan in den Bergen,
    blickte umher und suchte die Moschee.
    Da erschien ein mir unbekannter Mann
    mit einer aus Pandanusblättern geflochtenen Matte
    und sprach:
    »Hier ist sie, die Moschee, die du suchst.«
    Und er zeigte auf das offene Land
    und legte die Matte zum Gebet auf den Boden.
    Dann führte er mich an eine Quelle,
    aus der kühles Wasser sprudelte.
    Wortlos wusch er sich zum Gebet,
    und auch ich hielt meine Hände unter den Strahl dieses Wassers.
    Als ich mein Gesicht zum dritten Male
    mit dem Wasser benetzte, nahm ich wahr,
    dass nicht mehr kühl das Wasser, sondern warm.
    Denn in das Wasser der Quelle
    hatten heiß
        sich meine Tränen gemischt.

Azan: Aufruf zum islamischen Gebet
Lohor: Mittagsgebet (gegen 12.30 Uhr)
Asar: Nachmittagsgebet (zwischen 15.00 Uhr und Sonnenuntergang)
Mihrab: nach Mekka gerichtete Gebetsnische in einer Moschee

✦ ✦ ✦ ✦

Wing Karjo

WING KARDJ
Quelle ___ S
Ich schreibe s
Schnee ___ E
Macbeth ___

(1937-2002)

(1937-2002)

hnitte

e nieder

n Nest

ber den Mond

Quelle

Stets trank ich das Licht aus deinen Augen
die Zuversicht, die mich den neuen Tag bestehen ließ
dacht' nicht, dass die Blätter fallen würden
deinen Körper zu begraben unter Dunkelheit

Ja, jetzt liegt die Sonne da
und verbrennt das grüne Gras
der Himmel atmet still
flötet ein welkes Lied

Als es läutete
Dacht' ich, du seist heimgekehrt
ich öffnete die Türe
da wandte stumm der Wind sich ab.

✦ ✦ ✦ ✦

(1937-2002)

Schnitte

Die Finger in meinem Inneren
sind wie Wurzeln, die sich immer weiter
in das Erdreich graben, immer tiefer
immer tiefer in das Dunkle

Finger, welche Worte schreiben
immer fester, immer tiefer
scharf wie ein Messer
zerfetzen sie meinen Körper

Die Träume in meinen Adern
fließen brausend, fließen tosend
wie die Wellen, wie die Wogen
finden nicht heim.

✦ ✦ ✦ ✦

Ich schreibe sie nieder

Wieder schreibe ich sie nieder
die einsamen Worte
schreibe ohne Unterlass
auch wenn sie nichts bedeuten

(Das geschah, als uns die Vögel verließen
um die Sonne zu suchen)

Wieder schreibe ich sie nieder
die toten Erinnerungen
bis dass sie wie Feuer
in meinen Träumen brennen

(Das geschah, als Blätter fielen
und die Zweige eingeschlafen waren)

Wieder schreibe ich sie nieder
die ewigen Hoffnungen
bis dass sie wie Dornen
Schutz dem Herzen bieten

Das geschah, als ein sanfter Wind
Trost spendete der kummervollen Welt.

✦ ✦ ✦ ✦

Schnee

Wohin nur gehen
Sonne zu suchen
wenn Schnee fällt
und ohne Laub die Bäume sind

Wohin nur sich begeben
Schutz zu suchen
wenn der Körper nass
und verschlossen die Türen

Wohin nur laufen
Feuer zu suchen
wenn die Glut des Herzens
erloschen

Wohin nur gehen
nur Läuterung ist, was uns bleibt.

✦ ✦ ✦ ✦

Ein Nest

Winter. Wir beide liegen im Bett
draußen fällt Schnee und ich küss' deine Schultern
alles ist anders heute morgen
denn du gehörst nur mir allein.

Die Vögel sind in den Süden gezogen
sie werden im Frühling auf Schornsteinen nisten
ach, auch ich, der ich doch keine Flügel habe
muss Nahrung suchen und ein Nest.

✦ ✦ ✦ ✦

(1937-2002)

Macbeth

Kurosawa

Schwarze Krähen
ziehen durch die Finsternis

Und in einer Nacht, so schwarz
haben die Geister Böses vor
Spitze Speere durchbohren die Opfer:
die Dämonen sind frei

Schwarze Krähen
in der Nacht

Des Morgens spüren Tausende Seelen
dass ein Unheil naht:
In den Dörfern werden die Trommeln geschlagen
Pferdegalopp dröhnt überall

Schwarze Krähen
ziehen durch die Finsternis.

Kurosawa: japanischer Regisseur

✦ ✦ ✦ ✦

Über den Mond

Winter. Wir beide liegen im Bett
draußen fällt Schnee und ich küss' deine Schultern
alles ist anders heute morgen
denn du gehörst nur mir allein.

Die Vögel sind in den Süden gezogen
sie werden im Frühling auf Schornsteinen nisten
ach, auch ich, der ich doch keine Flügel habe
muss Nahrung suchen und ein Nest.

✦ ✦ ✦ ✦

Ajip Rosidi

AJIP ROSIDI (
Zwischen uns
Nacht____ Abbi
ziehen dahin__
mehr die Dime
Unauslotbares
Schlange____
dem Nebel __

(*1938)

Tretes bei
Die Jahre
Es gilt nicht
sion der Zeit
Meer   Die
ebel   Über
Parabel

Zwischen uns

Wenn Seelen nackt einander gegenüberstehen
Ist überflüssig jedes Ritual
Dann ist überwunden jede Distanz, so dass genügen
Ein kurzer Blick, ein Lächeln. Mehr bedarf es nicht!

✦ ✦ ✦ ✦

*(*1938)*

Tretes bei Nacht

Nacht in Tretes
Tot liegt alles da:
Surabaya da unten, so weit
Wie eingepfählt der Wilis-Berg zur Linken

(Da fallen mir Legenden ein
Von Buta Locaya und Plecing Kuning)

Steht die Zeit hier still
Und schlägt sich nieder im Licht der Hafenlaternen
Dort am Saum des Horizonts?

Wind weht herauf aus dem Tal.
Der Blätter Schatten schwingen
Es flüstert das Gras.
Oder
Ist das, was da flüstert, nur meine Seele?

Ich suche dich.
Ich such' dich in den grünen Schemen.
Ist das, was da treibt auf dem See
Dein Antlitz oder Widerschein des Mondes?

Ich schließe die Fenster.

Einsame Nacht.
Meine einsame Nacht.

Tretes: Ort bei Surabaya
Surabaya: Stadt in Ostjava
Wilis: Berg in Ostjava
Buta Locaya und **Plecing Kuning**: Namen javanischer Geister

✦ ✦ ✦ ✦

Abbild

Ich seh' dein Abbild auf dem Teller, an der Wand
Am Himmel, in den Wolken, ach, wohin ich auch blicke;
Und der Wind beginnt zu rauschen über Dächern
Übermittelt, was du flüsterst, in einer Welt voll Geflüster.

Dürfen am Morgen dieses nassen Januars
Meine Hände noch liebkosen?
Alle Worte sind gesagt, doch unaussprechbar bleibt
Die Sehnsucht, welche tiefempfunden ist.

Dein Abbild, ach, dein Abbild, das mich stets bedrängt
Hab' ich nicht alles schon geschworen bei der Zeit?
Einsam werden die Jahre vergehen, ich weiß es
Denn die rastlose Welt wird verstummen.

✦ ✦ ✦ ✦

(*1938)

Die Jahre ziehen dahin

Schnell ziehen die Jahre dahin
Und wir sind wie Masten aus Stahl: Wir warten.
Warten, dass das Schicksal uns reicht die verbotene Frucht
(welche unsichtbar wächst
auf uralten Bäumen. Ihr Name ist: Liebe).

Ich hörte deine Stimme, deinen Atem
Als am Horizont sich niederließ ein mächtiger Vogel
Und das Blau des Horizonts
Floss in mein Herz. Das Herz der Welt.
(Bist du es, fragtest du. Ja, war meine Antwort, ich bin es.
Da rauschte der Wind und verstummte alsbald).

Lautlos ziehen die Jahre vorbei. Hinterlassen Spuren
Auf den Straßen unserer Erinnerung. Welche Lust es ist
Zu angeln, was so stumm von ihnen blieb. Und hin und wieder
Es zu fangen und dann wieder freizugeben.

(1970)

✦ ✦ ✦ ✦

Hier gilt nicht mehr die Dimension der Zeit

Hier gilt nicht mehr die Dimension der Zeit
Nichts Trennendes steht zwischen »Du« und »Ich«!
Für immer und im ew'gen Licht wird deine Liebe fließen
Und keine Macht hat mehr der Tod.

(1970)

✦ ✦ ✦ ✦

(*1938)

Unauslotbares Meer

Du unauslotbares Meer!
Ich kenne nicht die Einsamkeit auf deinem Grund
Kenn' nur die sich kräuselnden Wasser auf deinem Gesicht
In erhabener Ruhe verbirgst du die Stürme
Doch du wirfst mich zu Boden
Durch den Wogenschlag deines Atems!

(1970)

✦ ✦ ✦ ✦

Die Schlange

Die züngelnde zischende Schlange
mit der schöngefärbten Haut
verfolgt mich, jagt mich noch in meinen Träumen.
Bleib stehen! rufe ich.
Und sie schaut gehorsam zu mir her,
doch ihr Blick ist ruhelos.
Und da erkenne ich:
Dein Name steht geschrieben auf ihrer roten Zunge.

(1970)

✦ ✦ ✦ ✦

Nebel

Was da leuchtet, so hell, ist Nebel
Was im Dämmer mich fesselt, ist Nebel
Was wie eine Wand meine Schritte hindert, ist Nebel
Was nicht greifbar gegenwärtig ist, ist Nebel
Was da lautlos zittert, ist Nebel
Was da schweigt, das Rätselhafte, Ungewisse
Ist Nebel.

(1972)

✦ ✦ ✦ ✦

Über dem Nebel

Über dem Meer hängen Wolken und Nebel
und darüber dringt ein Flugzeug ein ins Firmament
es ist auf dem Wege zu dir

Und überm Firmament liegt ein gehütetes Geheimnis
und darin segelt still der Mond
gemeinsam mit dir

(1972)

✦ ✦ ✦ ✦

Parabel

Für Dan & Arlene

Menschen besteigen Berge, meißeln den Stein
und kehren heim am Abend;
Menschen segeln aufs Meer, fangen Fische
und kehren heim nach dem Sturm;
Menschen gehen in den Wald, fällen Holz
und kehren heim mit schwerer Last;
und Menschen ziehen in die Stadt,
stellen ihren Träumen Fallen,
von ihnen kehrt keiner mehr heim.

(1972)

Sapardi Djoko Damono

SAPARDI DJOK
(*1940) Wer bis
___ Sonett: X _
_Distanz Varia
Morgen ___ Übe
Die Klinge___
Herr___ Das Pa
Irgendwo in me
Die Schuhe___

(*1940)

O DAMONO
du?   Prolog
    Im Gebet: II
onen an einem
 die Sonne
Das Ohr   Ein
ierschiffchen
nen Adern
h will

Wer bist du?

ich bin Adam
der den Apfel aß;
Adam, der sich plötzlich seiner selbst bewusst ward
bestürzt, verwirrt, voller Scham
ich bin Adam, der alsdann erkannte
was gut, was böse ist, der zu entkommen suchte
der einen Sünde, um die andre zu begehen;
Adam, der sich selbst belauert
ohne Unterlass und voller Argwohn
und sein Antlitz zu verdecken sucht.
ich bin kein anderer als Adam, zappelnd
im Netz von Zeit und Raum
nicht mehr zu retten, denn:
verloren ist das Paradies;
durch die Erkenntnis
und das Übermaß an *Selbstzweifel*
ich bin Adam
der Gott sagen hörte:
Lebe wohl, Adam.

✦ ✦ ✦ ✦

(*1940)

Prolog

immer noch ist bis hierhin zu vernehmen
Herr, Dein ewiges Leid. Selbst die Nacht hielt kurz inne
die Kälte verstummte, der Himmel da draußen
wurde ein Schemen

getreu trag' ich vor all das, was geschah
nachdem das Feld des Kain und Golgatha beschritten
nachdem verschwiegen Tausende von Worten, hier
in diesen enger werdenden Räumen

ich grüße Dein Leid, das einstige
welches dem Raum und der Zeit den Atem einhauchte
und daraus entstanden Worte. Und wir lesen:
einsam ist der Mensch, Ruß.

✦ ✦ ✦ ✦

Sonett: X

wer kratzt am blauen Himmel
wer reißt an der vorbeiziehenden Wolke
wer kristallisiert im Nebel
wer nistet sich ein in der welken Blume
wer löst sich auf im Violett
wer atmet im Puls der Zeit
wer huscht da jedes Mal vorbei, wenn ich die Tür öffne
wer schmilzt unter meinen Blicken
wer kommt zum Ausdruck in den Lücken zwischen meinen Wörtern
wer seufzt im Schatten meiner Einsamkeit
wer holt mich ab zur Jagd
wer reißt plötzlich meinen Schleier weg
wer explodiert in mir
: wer bin Ich

✦ ✦ ✦ ✦

(*1940)

Im Gebet: II

als nicht einmal das Nichts existierte
ging ich daher (bewegungs-
los, als sei ich
ein Zeichen), da trafen Wir uns

ein Paar *Nichtexistierender*
destilliert (bewegungs-
los, als seien wir
glücklich): die *Einsamkeit* nahm zu

✦ ✦ ✦ ✦

Distanz

und Adam stieg hinab in die Wälder
löste sich auf in Legenden
und plötzlich stehen wir hier
blicken empor zum Himmel: leer, einsam und still …

✦ ✦ ✦ ✦

Variationen an einem Morgen

(i)
am Anfang war Nebel; und darin
klang leise ein Glöckchen, als ein Blatt herunterfiel,
halb noch im Traum, zur Erde hin, entkommen
(vernahmst du es auch, wie eine klagende *Stimme*)

(ii)
und das Licht (das dich als allererstes wusch)
sang für Libellen, Falter und Blumen; das *Licht*
(welches die Vögel zwitschern ließ) wurd' plötzlich fahl
verbrannte langsam restlos auf einem welken Blatt

(iii)
wurde zum Schatten. Ein Schatten, der plötzlich auffuhr
als ein Vogel die Libelle packte
(das erste Guten Morgen für die Sonne), und zitterte
als ein Falterpaar sich auf der nassen Erde niederließ, kämpfend.

✦ ✦ ✦ ✦

Über die Sonne

Die Sonne über deinem Kopf
ist der Luftballon, der, als du klein warst
deiner Hand entglitt, sie ist eine Glühbirne
die über dem Tisch hing, als du Briefe beantwortetest
die du regelmäßig von einem bestimmten *Absender* erhieltest
sie ist ein Wecker, der mitten
im Liebesakt klingelte, sie ist ein Bild des Mondes
auf den kleine Kinder zeigen und dabei ausrufen:
»Das ist die Sonne! Das ist die Sonne!« –
Ist das die Sonne? Ja, dort oben steht sie
damit du für immer ziehen musst
deinen Schatten hinter dir her.

✦ ✦ ✦ ✦

(*1940)

Die Klinge

die Klinge dieses Messers starrt dich an, zwinkert nicht;
du, der du sie grad' geschliffen hast, überlegst:
sie ist scharf und vermag es wohl,
zu zerschneiden diesen Apfel auf dem Tisch,
das Dessert zu deinem Abendmahl;
sie funkelt, als sie deine Halsschlagader reflektiert.

✦ ✦ ✦ ✦

Das Ohr

»Komm doch in mein Ohr«, lockte er.
                Verrückt:
da wurde er versucht, in sein eigenes Ohr zu schlüpfen,
um wirklich alles hören zu können
alles ganz genau – jedes Wort, jeden Buchstaben,
selbst die Verschluss- und die Reibelaute,
welche der Sprache Form verleihen.
                »Komm doch«, lockte er.
Verrückt! Nur um deuten zu können, so genau
wie möglich, all das, was er flüsterte
zu sich selbst.

✦ ✦ ✦ ✦

(*1940)

Ein Herr

Herr Gott, nicht wahr? Bitte, warten Sie kurz,
bin gerade mal raus, bin nicht da.

✦ ✦ ✦ ✦

Das Papierschiffchen

Als Kind da bautest du ein Schiffchen aus Papier und
>   ließest es in einem Bächlein segeln; schwach war die
>   Strömung, und so schaukelte dein Schiffchen sanft in
>   Richtung Meer.
»Es wird in den Häfen großer Städte anlegen«, sprach ein
>   alter Mann. Und auf dem Heimweg warst du so fröhlich,
>   stelltest dir so manches vor, was das Schiffchen wohl
>   erleben würde. Und seit jener Zeit wartest du auf Nachricht
>   von dem Schiffchen, nach dem du immer Sehnsucht
>   fühltest.
Und da vernimmst du endlich doch des alten Mannes, Noahs Worte:
>   »Bei einer großen Flut benutzte ich dein Schiff, und nun liegt
>   es gestrandet auf einem Berg.«

✦ ✦ ✦ ✦

(*1940)

Irgendwo in meinen Adern

als du irgendwo in meinen Adern warst
vernahm ich jenes Pochen
seltsam-fremd schien mir die Sonne jenes Nachmittags
das Wetter hatte plötzlich aufgeklart

als du irgendwo in meinen Adern warst
vernahm ich jenes Pfeifen
seltsam-fremd schien mir die Sonne jenes Nachmittags
am Horizont dort wollte sie nicht untergehen.

(1989)

✦ ✦ ✦ ✦

Die Schuhe

du hattest nicht bemerkt, dass du mit deinen Schuhen
getreten warst auf Kieselstein und welkes Blatt
du hattest nicht gehört, wie Stein und Blatt auf jenem Weg
so weise miteinander sprachen über deine Schuhe.

(2001)

✦ ✦ ✦ ✦

(*1940)

Ich will

ich will dich lieben, bescheiden und schlicht:
mit Worten, die das Holz dem Feuer,
welches Asche aus ihm machte, nie gesagt

ich will dich lieben, bescheiden und schlicht:
mit Zeichen, welche die Wolken dem Regen,
der sie ins Nichts auflöste, nie gegeben.

(1989)

✦ ✦ ✦ ✦

Goenawan Mohamad

GOENAWAN MO
Herbst-Vierzeile
—— Kälte, nicht
Vierzeiler auf ei
—— Gatoloco ——
Stadt, so heißt e
zu Metall gewor
Hochzeitsnacht
Möglicherweise
Namen ausradie

HAMAD (*1941)

Schlaflied

messbar

Gefäß aus Ton

In dieser

ist der Regen

Kopenhagen

hab' ich deinen

Zagreb

Herbst-Vierzeiler

I
In der kalten Luft beginnt es: Die Nacht
ordnet Blätter für ein Totenlager.
Füllen werden die Tage das Jahr,
bevor es scheiden wird.

II
Gleich wird die Sonne untergehen,
die zum Strand die Kinder lockte.
Nur der Regen bleibt,
die Farben wechseln. Und Du fasst es nicht.

III
Auf dem Kalender stehn die Jahreszeiten still.
Auf dem Kalender steht mein Überdruss geschrieben.
Unter roten Blättern, Herr, sind Deine Spuren verborgen
einsam und ewig. Der Sommer war so groß.

IV
Die letzten Worte sind nur Schnee,
Stimmen aus der Ferne, von der Zeit herangeweht.
Wir beten nicht länger. Wir können die Rätsel nicht lösen.
Nur die Abendröte bleibt, eine letzte schwache Glut.

✦ ✦ ✦ ✦

*(*1941)*

Schlaflied

Schlafe, mein Kind, in dieser Welt, die niemals schläft
Schlafe auf grünem Gras, auf Sand
Oder schlaf in deinem Bettchen
Schlafe bei fahlem Licht, schlafe bei den Faltern
Schlafe bei den Meereswogen, welche singen
Immer weiter leise singen

Schlafe, mein Kind, bis dass um Mitternacht ein Schlag ertönt
Und du erwachst und alle Menschen auf den Inseln hören
Dass die Bombe, die die Welt zerfetzt
Dich nicht hindern kann zu singen:
»Im Osten geht die Sonne auf.«

✦ ✦ ✦ ✦

Kälte, nicht messbar

Kälte
die kein Thermometer messen kann

Nass die Stadt

Der Wind am Fluss
will uns verjagen, wir aber

bleiben. Es ist

als ob ein unsichtbarer Regen
und schwimmende Lichter

ihr Spiel mit den Farben treiben.

Herr, warum können wir
glücklich sein?

(1971)

✦ ✦ ✦ ✦

(*1941)

Vierzeiler auf ein Gefäß aus Ton

Auf diesem namenlosen Tongefäß
seh' ich aufs Neue dein Gesicht.
Und meinen Augen kann ich noch vertrauen,
sie täuschen mir gewiss nichts Falsches vor.

Was ist von Wert an diesem Stückchen Ton
außer bloßer Illusion?
Ein Gegenstand, der bald zerbrechen wird
und wir verleihen ihm Ewigkeit.

(1973)

✦ ✦ ✦ ✦

Gatoloco

Ich erwachte in der Glut von 7.000.000 Sonnensystemen,
die an jenem Morgen eins geworden waren.

Gebt mir Eis! schrie ich.
Da sah ich plötzlich Dich in der Ecke stehen.

Schweiß tropfte mir von der Stirn. Herr, was ist nur geschehen?
»Was soll schon geschehen sein. Ich bin gekommen.«

Mein Zimmer sah aus wie immer.
Ich sah die Spinngewebe an der Decke.

Sah die Brandstellen, sah den Mäusedreck.
Sah die Fledermausaugen.

Sah die Zigarettenkippen.
Sah den angebrannten Lampenschirm und mein Gesicht
im Spiegel am Schrank.

Doch draußen wehte kein Wind, nur die Wolken sahen anders aus.
Keine Farben waren zu sehen, nur Licht.
Kein Beben, nur Bewegung. Keine Kontraste, nur …

»Hab keine Angst«, spottetest Du. »Ich werde dir schon keine Kugel
durch den Schädel jagen.«

Aber Du bist doch gekommen, um mich anzuklagen.
»Sieh an, du weißt also, dass Ich gekommen bin, um dich anzuklagen.«

War das alles nur ein Traum?
Doch warum erregte mich dieses Geschwätz so sehr?

»Du bist es, der schwätzt und jammert!«, warfst Du mir plötzlich vor.

Einen Augenblick lang hörte ich den einsamen Nieselregen,
der draußen auf den einsamen Hügel fiel.
Einen Augenblick lang hörte ich meine eigene Stimme.

Ach, dass ich auch immer so viel rede.
Plötzlich hasste ich meine Geschwätzigkeit.
Ich hatte in der Tat Deinen Namen angerufen.

»Du hast nicht Meinen Namen angerufen, sondern deinen eigenen.«
Immer drohender wurde Deine Stimme.

Los, geh weg von hier!
Ich weiß, dass das alles nur ein Traum ist!
»Nein, nein. Das ist kein Traum.«

Wenn das so ist, dann ist jetzt wohl Dein Ritual an der Reihe.
»Ganz recht, jetzt ist Mein Ritual an der Reihe.«

Nun gut, mag sein,
dass ich Deiner in letzter Zeit nicht genügend gedacht habe.
Aber was hast Du jetzt vor?
Willst Du mich zurück in den Staub drücken?

»Nein, das nicht. Aber unter die Erde.
Bei den Kakerlaken sollst du leben,
bei den Büchern und Schriften sowie bei den Wanzen,
die nur einen Tag lang existieren.
Du sollst die Position einnehmen, die dir zusteht.«
Jetzt verstehe ich. Ich gehöre Dir.

(*1941)

»Und Ich gehöre nicht dir.«

Ich bin weder Geistlicher noch Gelehrter.
»Warum kommst du wieder damit?
Du bist wirklich nur zum Nichtbegreifen in der
   Lage.«

Na gut. Ich versuche jetzt zu begreifen. Du willst
   also,
dass alle Rätsel ungelöst bleiben,
und Du willst Dich allen Argumenten verschließen.
Aber warum bist Du dann noch hier?

»Weil Ich sehe, dass deine Augen voller Tränen sind.«
Ach, das hast Du also gesehen?

Ich sah nun auch,
wie Bäche aus Tränen in Bächen von Tränen
   mündeten,
wie mitleiderregende Tränen sich wuschen
in mitleiderregenden Tränen.
Sah Stellen, so undeutlich und dunkel,
als seien sie vom fahlen Licht des Monds allein
   beschienen.
Und ich spürte, wie der Wind in eine Falle ging.
Hörte den Regen scheitern. Schwer lastete der
   Himmel.
Und schwüle Hitze füllte das stickige Zimmer.

»Dein letztes Stündchen hat wohl jetzt geschlagen.«
Ich weiß.

»Das heißt,
dass du dieses Zimmer nie mehr verlassen wirst.«
Das heißt,
dass ich dieses Zimmer möglicherweise nie mehr
   verlassen werde.

»Du kannst dich nicht länger mit Mir brüsten.«
Ich kann mich nicht länger mit Dir brüsten.

»Kannst nicht mehr umherreisen wie ein
   Arzneiverkäufer,
wie jemand, den man zu Vorträgen lädt.«
Kann nicht mehr umherreisen.

»Kannst nicht mehr an all diesen Diskussionen
   teilnehmen,
um Mir damit zum Siege zu verhelfen,
so als seist du Mein Verteidiger.
Denn du bist doch nur ein Reisender,
der die zurückgelegten Entfernungen zählt,
   erschöpft,
aber stolz und mit einer Rückfahrkarte in der
   Tasche.«

Weil ich nur ein Tourist bin, nicht mehr als das?
Herr, scher dich fort von hier.
Denn du hast meine Tränen verhöhnt.

Gatoloco: Gestalt aus Werken der klassischen javanischen Literatur. Gatoloco ist darin ein Mystiker, der sich für Gott hält.

(1973)

✦ ✦ ✦ ✦

In dieser Stadt, so heißt es, ist der Regen zu Metall geworden

In dieser Stadt, so heißt es,
ist der Regen zu Metall geworden.
Angestrahlt vom Licht verhüllt sich der Tag,
doch ich weiß, dass wir dorthin gelangen werden.

Und wir lieben uns, ohne das Husten zu unterdrücken,
lassen den blutigen Auswurf grün sich färben im Glas.
Und du fragst,
warum die Luft zwischen uns voller Pollen ist?

Dann geht der Morgen zu Ende, fortgeflogen sind die Vögel,
und, was vom Mond geblieben ist,
hängt da draußen überm Asphalthimmel.

Geliebte, wenn selbst die Sonne mit Staub bedeckt ist,
dann gewiss auch deine Lider.
Doch schließe deine Augen und stelle dir vor,
dass ich zu dir kommen werde,
um dich abzuholen. Ich, dein Tod.

✦ ✦ ✦ ✦

Hochzeitsnacht, Kopenhagen

Draußen fällt immer noch Schnee.
Es ist fast Morgen.
Dein Körper erwacht aus der Lust.
Der Wind schneidet. Und flaut ab.
Dein Atem dampft in der Kälte. Auf der Suche.

Ich entbehre
die Wärme des Äquators
und die Hochzeitsmelodien des Gamelan.
Weißt du das?

Hier sind nur der Wind, nur die Stille,
nur die Rippe, aus der du geschaffen bist.
Nur die Kälte. Dunst. Und Müdigkeit,
aus der du nicht geschaffen bist.

Gamelan: javanisches Orchester

Möglicherweise hab' ich deinen Namen ausradiert

Möglicherweise hab' ich deinen Namen ausradiert
Mit den Sohlen meiner Schuhe
So wie du im letzten Krieg
Möglicherweise meinen Namen ausradiertest

Möglicherweise hast du gar nicht meinen Namen ausradiert
Möglicherweise hab' ich gar nicht deinen Namen ausradiert
Und vielleicht sind wir auch niemals hier gewesen
Sondern nur der Wald, weit im Süden, und der Morgenregen.

(1973)

✦ ✦ ✦ ✦

(*1941)

Zagreb

Für Xanana Gusmão

Da kommt diese Frau, ein Bündel unterm Arm,
von weit, von Zagreb, kommt sie her.
Sie kommt, ein Bündel unterm Arm, darin ein
    Schädel,
und sagt dem Zollbeamten an der Grenze:
»Dies ist mein Sohn.«

Mit wunder Stimme sagt sie dies
an jener Zollstation.
Alle schauen zu ihr hin.
Und es fürchtet sich das Licht.

Die Uhr dort auf dem Tisch zeigt, dass es Abend
    wird.
Und der Dämmerung, ja selbst der Dämmerung
gelingt es nicht sich abzuwenden.

Jetzt zeigt die Frau den Inhalt ihres Bündels
und erzählt:

»Sieben Soldaten zerrten ihn aus dem
    Krankenhausbett,
sieben Soldaten schleppten ihn in einen Wald und
    schlachteten ihn,
sieben Feinde, sieben Mörder, köpften ihn, und
    der Schädel fiel, rollte,
kugelte, bis sich sein blutbeschmierter Mund in
    Sand und Gras verbiss.«

»All der Schmerz ist jetzt in diesem Bündel, hier
    in diesem Fetzen
eines Leichentuchs. Er war grad erst
    einundzwanzig.
Seht sein Gesicht. Er war so hübsch.«

Die gestutzten Platanen, uralten Statuen gleich,
drängen sich zu diesem Ort. Die Dunkelheit hält
    inne,

die Farben werden eins, und in der Ferne
sieht man eine Stadt: eine Kalligraphie aus Licht,
sieht man Federstriche aus Feuer am Horizont,
Zeichen einer Schrift,
düstere Worte.

Nichts befreit uns, nichts erleichtert uns.
Der Zollbeamte hat sich hingesetzt, er denkt
    zurück an seine Kinder,
eines hatte mal erzählt, dass ihm Kirschen auf den
    Kopf gefallen seien.
Auch sie sind tot, so flüstert er, sind tot.

Doch es scheint, als flehe jemand Gott an, durch
    das Loch
in jener Wand da hinten, flehe im Rauschen des
    Regens,
rufe den Tod herbei, rufe den Teufel an,
und es klingt wie eine wirre Bitte,
wie Furcht, wie ein Gebet in Trümmern.

Was sollen wir nach all dem tun? Die Frau
verhüllt den Schädel wieder mit Tuch, den Schädel,
den sie aus Zagreb mit sich brachte,
und macht sich wieder auf den Weg.

Keiner erbietet sich, sie zu begleiten.
Dort in der Ferne, welche vor ihr liegt, sind alle
    Richtungen
verwischt, und die Venus ist verloschen.
Von den Sternen blieben nur Ruinen übrig,
und der Osten ist zerstört, wo immer er auch sei.

Doch sie kennt ja vielleicht den Namen der
    nächstgelegenen Stadt.

(1994)

✦ ✦ ✦ ✦

Sutardji Calzoum Bachri

SUTARDJI CAL
(*1941) Stein__
__einmesserhi
__POTT__
Miau _____ Ste
_____Gebet__

(*1941)

ZOUM BACHRI

Stein

    stein der rose
    stein des himmels
    stein des leids
    stein der sehnsucht
    stein der nadel
    stein des schweigens
    bist du
        das
            rätsel
    das
    sein versprechen nicht hält?

tausend berge doch der himmel stürzt nicht ein tausend
jungfrauen doch man bleibt standhaft tausend dinge zu
tun doch die langeweile bleibt tausend wünsche sind erfüllt
doch das verlangen bleibt. wem klage ich das?
warum muss die uhr pulsieren und das blut nicht warum
müssen die berge explodieren und der himmel nicht warum
umarmen sich körper und ist doch keine liebe warum
winken hände doch niemand winkt zurück. weißt du das?

    stein der unruhe
    stein des rausches
    mein stein gottes
    stein der einsamkeit
    stein der schmerzen
    stein des schweigens
    bist du
        das
            rätsel
        das
  sein versprechen
        nicht hält?

✦ ✦ ✦ ✦

(*1941)

Q

```
              l l
              l l l
               l ll ll l
                    l
          l  a
              lif  l l
          l
          l
          l       a
       l  a      m
                 l l
```

mmmmmmmmmmmmmmmmmmmmmmmmmmmmmm

iiiiiiiiiiii

mmmmmmmmmmmmmmmmmmmmmmmmmmmmmm

Dieses Gedicht basiert auf Buchstaben aus dem arabischen Alphabet, darunter *alif* und *lam*. Diese stellen in der Form *lam-alif* ein Akronym dar für *la-ilaha illa'-lah* (Es gibt keinen Gott außer Allah), dem ersten Teil des islamischen Glaubensbekenntnisses, dem von Muslimen magische Wirkung zugeschrieben wird

✦ ✦ ✦ ✦

Herman

herman: auf der erde kann er nicht stehen
nicht nacht sein kann er auf dem mond
er kann in der sonne nicht warm sein
und im leib findet er keinen schutz
er kann nicht blau sein im blauen
im boden kann er nicht harren
kann flügel nicht sein in den winden
und nicht in der wolke verweilen
er kann in das wort nicht gelangen
im schweigen kann er nicht schweigen
im munde kann er nicht haften
keinen halt findet er in der hand
erkannnicht erkannnicht erkannnicht

wo bloß ist herman? weißt du es?
hilf herman hilf herman
hiiiiiiilffffff!

✦ ✦ ✦ ✦

einmesserhie

einmesser wunde einmesser dorn
einhaufen sünde einhaufen stille
einmesser leid eineunrast ich
einmesser stille einmesser gesang

einmesserda einmesserhie
einmessermess einschrei stille
einmesserda einmesserhie
einhaufen ich ein dornenkorb

einmesserda einmesserhie
einmesserda einmesserhie
einmesserda einmesserhie
jetzt endlich steckt Sein messer in dem lied

(1973)

Komm

komm, wir zerschlagen die flaschen
wir nehmen ihre wunden
                machen blumen daraus

komm, wir zerschlagen das ticktack der uhren
wir nehmen ihre zeiger
                machen stille daraus

komm, wir zerschlagen die fackeln
wir nehmen ihre flammen
                und machen licht daraus

komm, wir zerbrechen die räder
machen daraus, was ursprünglich war:
        einen weg
        komm, wir kehren zurück
        zu Adam
        zur ersten einsamkeit
        setzen uns und schauen
        auf uns selbst
            das, was wir vernichtet haben
                sein und nichtsein
            das, was Adam uns bereitet hatte

und
komm, wir laufen
        hin zu uns selbst
            um es aufs neue zu erforschen
        starr vor staunen wie einst Adam
            als er zum ersten mal der welt begegnete

(1969)

✦ ✦ ✦ ✦

(*1941)

POTT

isdatt npott	bisdudatt	inichet
	pott pott pott	
derda antwortet	pott pott pott	bisdudatt
derda antwortet	pott pott pott	bisdudatt binichet
	pott pott pott	
watt fürn	pott isndatt	bisdudatt binichet?
	POTT	

(1970)

✦ ✦ ✦ ✦

Ich blute

heute blute ich. ein schwarzes beil steckt tief in meinem tagebuch
mein mittwoch platzte fließ! mein montag platzte fließ!
mein dienstag platzte fließ! mein freitag platzte fließ!
so fließt das blut pulsiert und pocht. rast durch mein ich
durch meine wörter.
blutgetränkt ist alles wundenübersät.
körper hände wege sterne und atome ihr blutet
heute blute ich doch niemand kennt meinen schmerz
ich schreie die einsamkeit antwortet ich rede die stille erwidert
ich frage und die dornen stechen ich singe und das schweigen tanzt
zur schule schicktest du die kinder jahrelang
bis bärte ihnen sprossen und schamhaare wuchsen
doch wer vermag den schmerz zu übersetzen?
wer weiß das wort das richtung weist?
nicht grün nicht gelb nicht blau nicht rot farbenlos blut
schwappt in mir es wird ein meer ein fisch bin ich darin der
schwimmt in einem ozean aus schmerz.
korallen muscheln und garnelen tauchen darin wir stammen aus
den gleichen tiefen wir stammen ab vom selben Schmerz
was in mir zerrissen ist in euch wards auch zerrissen.
heut durchwandre ich mein Tagebuch ich rufe bin zerfetzt
ich fasele im fieberwahn. ich bin ganz blut! und fiele nur mein schatten
auf den boden so würde der zu einem pfropfen blut!

mein schmerz ist euer schmerz ist unser schmerz
wir stammen ab vom selben Schmerz
was in mir zerrissen ist in euch wards auch zerrissen
nur wisst ihr das womöglich nicht. wissts immer noch nicht.

(1979)

✦ ✦ ✦ ✦

Miau

Ein langer schmaler weg führt in den sumpf und ins helle meines leibs. Warum ist er so lang? Eine maus zappelt in den klauen einer katze. Ein mann und eine frau verbeißen sich ineinander. Wer ist katze wer ist maus? Miau! Ach wie lang wird dieser weg noch sein. Sag es mir! Ich kenne afrika europa kenne die welt kenne die uhr das rad und das fliegen. Doch wenn zwei menschen sich ineinander verbeißen mit den zähnen ihrer einsamkeit weiß ich nicht mehr länger was lust ist und was leid was leere ist was sinn wer affe ist wer mensch was sünde ist was himmel.

✦ ✦ ✦ ✦

Stellt euch mal vor

Für Salim Said

er kippt ihn herunter
        den whiskey
                herunter
                        er kippt ihn herunter

stellt euch mal vor – so sagt er – es gäb auf der welt keinen whiskey
dann würde der fluss nicht mehr fließen in meinen adern

und vor dem whiskey da draußen
        im hof
                spielen kinder
stellt euch mal vor – so sagt er – es gäb auf der welt keine kinder
dann würde ich vergessen wie man weint

er kippt ihn herunter
        den whiskey
                herunter
                        mitsamt seinen tränen

dann holt er den colt aus dem schrank
stellt euch mal vor ich würd niemals sterben
und er schießt in den eigenen kopf eine kugel
stellt euch das vor

(1977)

✦ ✦ ✦ ✦

Shang Hai

ping über pong
pong über ping
ping ping sagt pong
pong pong sagt ping
ja pong? fragt ping
ja ja sagt pong
ja ping? fragt pong
ja pong ja ping
ja ping ja pong
nicht doch pong nicht doch ping
habkein ping
habkein pong
wegda ping ich will ein pong
neinneinnein sagt ping
wegda pong ich will ein ping
neinneinnein sagt pong
scharfen messers Deiner ferne schriller klang

(1973)

✦ ✦ ✦ ✦

Gebet

o Vater Axt
gib mir lange hälse
um sie abzuschlagen
möge dann fließen das fahrige blut
hin zu meeres macht
Verrecken!

(1977)

✦ ✦ ✦ ✦

Die Katze

miau eine katze ist in meinem blut sie fließt sie rauscht miau rast schmerzhaft durch die hauptschlagader durch den wilden dschungel meines blutes sie ist riesig doch kein tiger oder löwe nicht hyäne und nicht leopard sie ist katze von nichtkatzenart doch sie miaut und sie ist hungrig und mit ihren krallen rodet sie meinen dschungel afrikas wütend brüllt sie und sie stöhnt gib ihr kein fleisch sie mag kein fleisch Jesus gib ihr nicht vom brot sie mag kein brot miau die katze bäumt sich auf in meinem blut sie brüllt sie rodet meine blutgeschwüre sie ist hungrig o so hungrig miau millionen tage hat sie nichts gefressen seit ewigkeiten war sie nicht mehr satt sie sucht schon seit jahrhunderten nach futter schmachtet kratzt mit ihren krallen gott schuf diese katze ich bat ihn nicht darum und jetzt brüllt sie und sie sucht dich sie ist hungrig gib ihr weder fleisch noch reis gott schuf sie und ich wusste nichts davon und sie wünscht sich dass er bei ihr sei nur für eine kurze zeit auf dass sie ruhe fände einen tag satt sein könnte eine kurze weile frieden fände auf der welt miau und sie brüllt und sie stöhnt hey wie viele götter habt ihr denn gebt mir doch einen ab für meine katze damit sie heute einmal ruhe findet miau jetzt sei still pussy still ich stelle fallen auf in afrika am amazonas und im riau-archipel in städten auf der ganzen welt und vielleicht gerät ein gott hinein und die falle schnappt dann zu teilen würden wir ihn uns ein stück für dich ein stück für mich miau jetzt sei still pussy still

(1973)

✦ ✦ ✦ ✦

Darmanto Yatman

DARMANTO Y
Testimonium
hier_____Abe
Blick aus dem
Zimmers_____
die Sonne ins

(*1942)

TMAN (*1942)
Leer ist es
ddämmerung:
enster meines
s geschah, als
eere griff

Testimonium

Für Salim Said

Am Anfang
War Klang die Welt:
Wasser plätscherte
Wind rauschte
Und die Welt ward voll von Klängen.

Und aus dieser Welt der Klänge
Entstanden das Blau und das Schwarz
Das Gelb der Sonne
Und das Rot der Sterne
Farbig wurde so die Welt.

Und die Farben
Verbreiteten Düfte
Schwere, süßliche Düfte
Aus Blüten und Früchten.

Und
Das Flüstern, dem die Propheten lauschten
Die Düfte, die die Priester rochen
Der Glanz, den die Könige sahen
All das
War am Anfang Klang
Und diesen Klang
Hören wir stets
Hier
In uns selbst.

(Juli 1965)

✦ ✦ ✦ ✦

*(*1942)*

Leer ist es hier

Leer ist es hier
Ich steh' an einer Kreuzung
Und trage singend javanische Gedichte vor
Ich fühle, wie mein Blut
Im Klang von elektronischer Musik pulsiert
Und jeder Nerv
Schreit meine Einsamkeit heraus
Das dröhnt wie ein mächtiger Donner.

Die Welt stöhnt auf
Und ich vernehm' ihr Stöhnen
Doch kann ich nicht verstehen
Warum dies' Stöhnen
In meinem Munde tönt.
(Ach.
Ich vermag es nicht, die Welt zu hassen
Aus denselben Gründen
Die sie mich lieben machen.)

Nach der Sonne sehne ich mich jetzt
Wie meine Ahnen
Die frierend vor dem Feuer hockten
bebend vor Kälte
Müh' ich mich, ein Gedicht zu schreiben –
Einem Automaten gleich
Warte ich
Kraftlos und erschöpft
Weiß
Dass der Tag nicht schöner ist
Als die schamlose Nacht.
Wie meine Ahnen
Die frierend vor dem Feuer hockten
bebend vor Kälte
Müh' ich mich, ein Gedicht zu schreiben –
Einem Automaten gleich
Warte ich
Kraftlos und erschöpft
Weiß
Dass der Tag nicht schöner ist
Als die schamlose Nacht.

✦ ✦ ✦ ✦

Abenddämmerung: Blick aus dem Fenster meines Zimmers

Zwei Schatten
belauern sich
im Fenster
dem blauen
violetten
schwarzen
Fenster

Sie sind darin gefangen
umrahmt von einem Geflecht aus Blumen
(Manche würden sagen:
Welch herrliches Kunstwerk der Gotik!)
Und dann beginnen
die beiden Schatten langsam zu kriechen
und dann sehe ich
wie sie plötzlich einander attackieren
Und ich schreie:

Das ist ja schwarze Magie!
Gebt mir meinen Frieden zurück!

(Die Schatten springen
von einem Rahmen
zum anderen)
       Hui!
(Auch du wärst vor Schreck zu Boden gefallen)
Schau! In deinem langen Haar
Kriecht ein unstetes Schicksal
Das dich juckt und nie zur Ruhe kommen lässt.
(Das Geflecht unsrer Nerven
hat die Vergangenheit geschaffen)

Ach, rühren dich denn nicht
Die stillen Tränen
die aus unsren Augen rinnen
und leis' von einem Blatt zum andren singen
bis sie ein grausamer Wind erfasst
und sie eins mit tausend Lichtern werden
die sich im Glas des Fensters brechen

(Regeln der Zivilisation
»Normen« genannt)
Täglich sterben in Biafra Tausende
  (Trockene Knochen in trockener Haut)
Täglich sterben Tausende in Vietnam
  (Ein Haufen zerhacktes Fleisch)
Und Satan wiegt seine Brut in den Schlaf:
Ihr lieben Kinder, ihr Führer der nächsten Generationen
    bim bam, bim bam!
Ihr kühnen Wegbereiter der Unmenschlichkeit
    bim bam, bim bam!
Entledigt euch endlich der überkommenen Anti-Kultur
bim bam, bim bam!
Bim
  Bam
Bim
  Bam.

Zwei Schatten
Attackieren einander
Im Fenster
Sie sind
Nicht du
Nicht ich.

◆ ◆ ◆ ◆

(*1942)

Es geschah, als die Sonne ins Leere griff

In der Kaffeeplantage von Semarum
Griff ungestüm der Regen an
Und ich zitterte
War verzweifelt.

    (Pst!
    Sei still!
    Du weißt doch
    Dass der Regen
    Getäuscht durch sein Rauschen
    Die eigene Schwäche nie erkennt)

Vor langer Zeit
So heißt es in den jüdischen Legenden
Verbarg sich Adam vor Gott
Kroch vor Furcht auf dem Boden
Nachdem er von der Frucht der Erkenntnis
gekostet hatte
Und als Gott fragte:
Adam
Adam
Wo bist du?
Da antwortete Adam:
Hier, Herr
Ich schäme mich,
Denn, wie ich sehe, bin ich nackt!

Und ich flüstere dir schnell ins Ohr:
Meine Klugheit
Ist mein Verhängnis.
Dass wir leben
Ist unsere Strafe.
Zitternd
Berühre ich dich
Wie Hiob
Der zu Boden gestürzt war
Und geflüstert hatte:
Was auch immer geschieht

Du bist meine einzige Zuflucht, Herr.
Selbst dann noch, als Gott ihn verhöhnte:
Hiob
Hiob
Wo warst du
Als ich das Fundament der Welt errichtete?
Ich berühre dein Gesicht;
Ach. Wie sehr ich mich doch fürchte
Vor meiner eignen Furcht
Die Gesetze des Herrn zu brechen
Die Moral zu manipulieren:
Das ist keine Sünde
Denn wir tun es
Mit der Bitte um Vergebung.

    (Ich berühre dein Gesicht
    In meinen Träumen
    Ich weiß, ich bin dir fremd
    In meinen Träumen
    Kenne ich dich.)

Semarum: Ort auf Java

✦ ✦ ✦ ✦

Abdul Hadi W.M.

ABDUL HADI W.
Aus dem letzten
Siti Jenar: Vor de
Du wartest auf di
Hotel —— Einsam
Nacht, Hamburg
La Condition Hu
Aus Tawangmang
sind uns so nah
Schwester — Wie

(*1946)

…(*1946)
…agment des Syeh
…Hinrichtung
…Zeit der Dürre
…Tief in der
…n Sommer
…aine
…Herr, wir
…Meine kleine
…er keine Antwort

Aus dem letzten Fragment des Syeh Siti Jenar: Vor der Hinrichtung

Voller Unrast ist die Welt, auf ewig besudelt mit Blut
Und auf den Wegen, auf den Feldern
liegen zermalmte Seelen, herrschen Kummer und Leid
Doch, Bruder, sag, wen werden sie morden?
Können denn Schwerter, Kriege und Verfolgung
tilgen die Wirren der verdorrten Welt?

Voller Unrast ist die Welt
von Gier und Habsucht überflutet
von Angst und Hass
Ihre Nächte bringen mit sich die Zerstörung
sie bringen den Regen der Reue

Und du öffnest deinen Mund und deine Seele
zu trinken ihre Schwärze und die Tropfen ihres Leids
Du badest in ihrer Verzweiflung

Voller Unrast ist die Welt, voller tiefer Schluchten
und voll von faulenden Gedanken

Du aber kommst aus dem Meer des Lichts
Du bist von güldenem Glanz
dem Glanze eines Hochzeitsfestes
Du bist der Angst ein Heim, bist es allen Stürmen
bist es selbst dem Tod
Der Tod und die Qualen der Folter
bedeuten eine Treppe mir
die mich führt zum Herrn

Der Steg bist du, von dem man stürzen
oder den man überqueren kann
Das Buch bist du
das alles Wissen in sich birgt

Du bist das Herz, das tiefe Meer
das in sich birgt unzählige Geschehnisse
Und in Deinem Meer
ist der Tod nur Wellenschlag des Lebens

Du bist die Hand
zu heilen die schwärenden Wunden
Und der Tod durchs Schwert
ist mir der wahre Weg zum Heil

Du bist das Land, du bist die Städte
Du bist der Pfad, auf dem ich wandle
Du bist im wilden Dschungel
mir ein Heim

Und ich bin nur die Tür
Reiße sie nieder
und kehr in mich ein

Die Wolke bist du
Der ewige Regen
Du stillst den Durst von allem, was da wächst
auf der Erde, in den Seelen
Und Menschen zerstören nur
sie bauen nicht wieder auf

Du bist die Frucht
die köstlichste der Früchte
Und ich werde mich erheben, sie zu pflücken
mit meinem blutenden Leib

Und wenn sie ihre Lanzen
in diesen tierischen Körper stoßen
wird stechen in See das Schiff des Todes
der mich im tiefen Meer versenken wird

(*1946)

Was ist nun gut, und was ist böse?
Was ist richtig, was ist falsch?

Der gift'gen Schlange Biss
bringt dem Menschen Tod
doch der Schlange schenkt er Leben
Ich zweifle nicht daran

Und des Tigers Zähne zerfleischen die Gazelle
doch sie sind des Tigers Macht und Krone

Was ist dann gut und was ist böse?
Was ist richtig, was ist falsch?

Du bist der Weg, bist das Erwachen
Denn der Erde liehst du meinen Körper nur
Jetzt aber geb' ich ihn dir zurück

Doch meiner Verse, meiner Worte
sei es nun genug:
Syeh Siti Jenar
ist trunken von Gottes strahlendem Glanz!

Syeh Siti Jenar: Javanischer Mystiker des 17. Jahrhunderts, der wegen seiner häretischen Ansichten hingerichtet wurde. Sein Schicksal weist Parallelen zu dem des sufistischen Märtyrers Al-Hallaj auf, der sich mit Gott gleichsetzte.

(1968)

✦ ✦ ✦ ✦

Du wartest auf die Zeit der Dürre

Du wartest auf die Zeit der Dürre
Bist Gast in einer Herberge
Schon bricht die Nacht herein
Läuternd den Hafen zu umhüllen

Du stehst auf, willst gehen
Doch da vernimmst du jäh
Vom lila Himmel her der Wolken Worte
Dass du deine Trauer überwunden
Dass du deinen Groll bezwungen hast.

(1968)

✦ ✦ ✦ ✦

(*1946)

Hotel

Sieh doch, hier vom Fenster unseres Hotels: Die Kälte
Hat getilgt der Lichter Flackern, wir spüren
Dies ist die Zeit der Stille und der Einsamkeit
In der die Dämmerung die Palmen in den Schlummer wiegt

Auf dem Balkon, da hat der Wind die Luft vergiftet
Und es tut sich auf dein Herz der Liebe
Da auf kristallnen Schwingen der Herbst
Fast angekommen ist und du ermüdet Atem holst

Und Träume hält das Bett im Zimmer uns bereit
Ein Stück Enttäuschung
Die dem Mond den hellen Schein gestattet
Und die es zulässt, dass der Himmel wieder glänzt
Wir sprechen wenig nur über diese kurze Rast
Verstummen bald und fügen uns und beten
Derweil auf jener Wanduhr dort
Die nächste Ziffer überschritten wird

(1970)

✦ ✦ ✦ ✦

Einsam

In der Stille
klang das Klagen meiner Seele
wie das Rauschen eines Regens
Als des Maiens Wolken
ein Elfenschwarm durchtanzte

Der Tannen spitze Kronen
sie packten und peitschten
den Wind
wie Leichen schritten sie voran
und spieen
auf den Boden

Ach, wie finster war doch dieser Weg
wie düster
und man hörte in der Ferne
das Atmen der Geister

Und ich ward getrieben von wirren Gedanken
von der Öde
und von Sorgen
wild schlug ich um mich
ließ von allem ab
von allem, was je ich geglaubt

In der Stille
klang das Klagen meiner Seele
wie das Rauschen eines Regens
Als des Maiens Wolken
ein Elfenschwarm durchtanzte.

(1970)

✦ ✦ ✦ ✦

(*1946)

Tief in der Nacht, Hamburg im Sommer

Schlafend die See. Und nass der Himmel
Die Wolken schwimmend wie in einem Teich
Wem singt der Nieselregen dieser Nacht sein Lied
Und für wen weht immer noch der Wind
Wo er doch einsam ist

Und wir waren schon recht weit gegangen:
Und wussten nicht, wo denn in dieser Nacht unser Zuhause war
Oder waren es vielleicht die beiden Paare unsrer Schuhe
Die durch den Nebel eilten, da seufzte
mein Hut und fiel

Oder waren es die Worte, die nie
So frei wie Körper sind?

Als der Himmel wieder sichtbar war
Und wir uns angekommen wähnten, da vergaßen wir
Dass zwischen den donnernden Ankern kein Regen mehr fiel
Und im Zimmer umarmten wir uns
Wie zwei Häuser, welche einzustürzen drohen.

(1974)

✦ ✦ ✦ ✦

La Condition Humaine

In den Wäldern meiner Ahnen
War ich nur ein Mangobaum
– ohne Früchte, ohne Laub –
Und mein Vater sprach zu mir: »Das Land, auf dem du wächst
ist unfruchtbar.« Derweil er voller Gier
die Früchte vom Baum meines Großvaters aß

Und manchmal in tiefer Nacht
ohne dass mein Weib es weiß
stehle auch ich und esse die Früchte
die unreifen Früchte vom Baum meiner Kinder.

(1975)

✦ ✦ ✦ ✦

Aus Tawangmangu

Du bist das Grün, das aufsteigt von den Hügeln
der Wasserfall, wo ich einst weilte
die Morgenfrische und die Düfte des Jasmins zu atmen
ein Stein bin ich im Jetzt
den hebst du am Ufer des Flusses auf
und überlässt ihn dann der Ewigkeit.

Wie eine Seele, die im Todeskampf sich windet
schmückst du mich vielleicht mit Regentropfen
und den Gefühlen der salzigen Zeit.

(1975) **Tawangmangu**: Ort in Ostjava

Herr, wir sind uns so nah

Herr.
Wir sind uns so nah.
Nah wie die Glut dem Feuer.
Ich bin deines Feuers Glut.

Herr.
Wir sind uns so nah.
Nah wie der Stoff dem Gewand.
Ich bin deines Gewandes Stoff.

Herr.
Wir sind uns so nah.
Nah wie der Wind seiner Richtung.

Wir sind uns so nah.

Und in der Finsternis
bin ich das Licht
deiner Fackel, die verloschen ist.

(1976)

✦ ✦ ✦ ✦

(*1946)

Meine kleine Schwester

Kälter als Stein ist meine kleine Schwester
und ihre matten Augen spiegeln die gefrorne Welt.

Sie, die vom Mund des Herzens meiner Mutter trank
und deren Haare sich nicht lösen mochten von den meinen.

Sie, welche schlief mit den Sternen im Staub
jemand stahl sie mir aus meiner Brust.

(1976)

Wieder keine Antwort

Wieder keine Antwort
Stumm ist jener Raum seit langem schon
Und wir hämmern gegen seine Türen
Bis sie krachend fallen
auf die Jahre voller Lügen
die Jahre des endlosen Terrors

Und wir können dort nicht länger leben
ohne Hoffnung, ohne Licht

Was man uns versprach, das kümmert uns nicht länger
und so gehn wir auseinander
Laufen von Ruine zu Ruine
Streiten über das, was niemals sicher war
aber galt seit ew'gen Zeiten

Und wir zerstören unsre Häuser
in unstillbarer Wut

Und da fragst du mich aufs Neue
wer wir denn nun wirklich sind
wir, die Bewohner jenes »friedlichen Landes«
das Herrscher kommen sah und gehen
die einander folgten schnell wie Blitz und Donner
und wer wir sind, die wir unsere Städte bauten
auf den Leichen Tausender. Mit hohen Häusern
über Schluchten und errichtet auf Gerippen
Und wer sich fürchtete, eigne Türme zu errichten
faulte dahin in Einsamkeit

Was man uns versprach, das kümmert uns nicht länger
in ferner Zeit erst wird die Sonne wieder scheinen.

(1981)

✦ ✦ ✦ ✦

Hamid Jabbar

HAMID JABBA
Der Tanz des

(1949-2004)

R (1949-2004)
eldes

Der Tanz des Geldes

1.

»Wird hier Versteck gespielt, oder was?«
so hört man euch grollen.

»Hier wird nichts versteckt«,
antworten die Statistiken
wie aus einem Munde.

»Wie viel Rupien kostet es denn,
um wirklich frei und unabhängig zu sein?«
fragt ihr euch
leise und klagend.

Und es erfolgt eine Antwort darauf:
»Das sind nur Träume
aus der Massenproduktion
für den Ausverkauf.«
Und so stellt ihr euch an,
reiht euch ein in Schlange,
um
Freiheit
auf dem Papier
zu erwerben.

2.

Ja, so ist der Lauf der Geschichte,
und ihr
klagt still und leise über all dies,
ihr seid enttäuscht, ihr seid verbittert.

3.

Doch auf dem Festball der großen Konzerne der Welt
schreit ein speziell geladenes Rockstar-Duo
es laut heraus:
»Alles hängt ab von
Dollar
Yen
D-Mark
Gulden
und Franc,
die alle Schlange stehen,
um euch zu hängen!
Ja, Rupiah
ja, Birr
ja, Bolivar
Cedi
Colon
Cordoba
Dinar
Dirham
Rupee
Peso
Cruzeiro,
und wie der ganze
andre Scheißdreck heißen mag!«

(1949-2004)

4.

So steht's in den Berichten
von Weltbank und von IWF,
die aber nie gedruckt und nie verkündet wurden,
nur heimlich offengelegt
auf den Festen der großen Konzerne der Welt!
So heißt es in dem irren Song
des geil-lasziven Rockstar-Duos
auf jenem Fest, auf jener Orgie!

5.

»Und wie der ganze
andre Scheißdreck heißen mag!
Ja, Cruzeiro
ja, Peso
Rupee
Ringgit
Dirham
Dinar
Cordoba
Colon
Cedi
Bolivar
Birr
ja, ja, und auch die Rupiah.
Sie alle werden gehängt
vom Scheiß-Franc
vom Scheiß-Gulden
von der Scheiß-Mark
vom Scheiß-Yen
vom Scheiß-Dollar!«

6.

Und ihr – ihr rebelliert immer noch:
»Das ist ja wirklich ungerecht!«

»Schön, schön, ihr lieben Sklaven!
Doch euer Aufbegehren entbehrt nicht der Tragik!
Denn so ist der Handel nun einmal! Das ist Business!
Und ihr macht's doch genauso mit euren Brüdern,
behandelt sie wie Sklaven!
Und deshalb ist es doch sehr abwegig,
wenn gerade ihr von Gerechtigkeit sprecht!«

7.

Und so steht ihr nun da,
Tränen in den Augen,
Schaum vor dem Mund,
verkneift euch eure Flüche!

8.

Doch eure Kehlköpfe zucken, herauf und herunter,
so wie das sexy Fluktuieren des Money,
so sexy wie das Rockstar-Duo,
das sich lasziv in Tanz und Tönen wiegt:
»*FUCK*
fuck
fuck
Fucking
FLUCTUATING
fuck flux
fuck flux
MONEY!«

9.

So sauft es doch,
kippt es herunter in einem Zug!
Hier ist der Krug,
darin ist euer eignes Blut!
Ja, euer eignes Blut!
Und dies Blut, es steht dafür
dass ihr jetzt endlich
Rang und Würde habt!
So sauft es doch,
kippt es herunter in einem Zug!
Gebt euch dem Rausche hin:
Der globalen Religion.
Armut und Reichtum,
Leid und Glück,
Ausbeutung und Ausbeutertum
sind wahre Würde,
wahrer Sinn,
im Dienste an
den Herrn:
MONEY – das GELD!

10.

Und so skandiert jetzt voller Rhythmus
jene heiligen Worte:
*»Fuck fuck fuck
fucking Money!
Flux flux flux
fluctuating Money!
Fuck fuck fuck
Dollar fucking Yen!
Flux flux flux
Yen fluctuating Dollar!
Fuck fuck fuck
Dollar fucking D-Mark!
Flux flux flux
D-Mark fluctuating Dollar!
Fuck fuck fuck
Dollar fucking Gulden!
Flux flux flux
Gulden fluctuating Dollar!
Fuck fuck fuck
Dollar fucking Franc!
Flux flux flux
Franc fluctuating Dollar!
Fuck flux fuck
Dollar fucking fluctuating Rupiah
fluctuating fucking Birr fucking fluctuating
Bolivar fucking Cedi fluctuating Colon
fucking Cordoba fluctuating Dinar fucking
Dirham fluctuating Ringgit fucking Rupee
fluctuating Peso fucking Cruzeiro
fucking Money fluctuating Zero
fucking fluctuating praying
MONEY DER HERR
der Scheißdreck!«*

11.

Ja, so steht's in den Berichten von Journalisten,
die niemals gedruckt worden sind,
die nur gelesen wurden
von weisen Ameisen in Mülltonnen,
unter den Fußsohlen der Redaktionsleiter,
welche selbst wiederum
kleben – unter den Fußsohlen der Tyrannen der Welt.

✦ ✦ ✦ ✦

Afrizal Malna

AFRIZAL MALNA
Channel 00
schrein___Die B
Flussufer
Mikrofon___10
Adam davon über
zu sein___Dada
Im Münster
_Die Kette ei

(*1957)

(*1957)
Die Straßen
nanenstaude am
Das zerbrochene
0 Jahre lang war
eugt, ein Mensch
Unser Mädchen
Die blaue Katze
es Freundes

Channel 00

O, Entschuldigung,
bin grad dabei mich umzubringen.
Blumen und Benzin sind im Hof.

Du in deinem Farbfernseher,
bete ruhig weiter,
Tschü-üss.

(1983)

✦ ✦ ✦ ✦

Die Straßen schrein

Die Straßen schrein. Brustuhr. Fußuhr.
Ich fürchte mich vor Shampoo. Augenuhr. Ohrenuhr.
Leise explodiert's im Fleisch.
Kopfuhr. Die Straßen schrein. Armbanduhr.
Bauchuhr. Nasenuhr.
Ich fürchte mich vor Seife. Haaruhr. Munduhr.
Leise explodiert's im Fleisch, im Sinne der Suche nach Fraß. Gesäßuhr.
Genitaluhr. Ich fürchte mich vor Parfüm. Zungenuhr. Darmuhr.
Der Minister hält einen Vortrag über Gesundheit. Herzuhr.
Leberuhr. Ich fürchte mich vor Milch. Lungenuhr.
Die Straßen schrein. Gallenuhr. Hirnuhr.
Ich fürchte mich vor Fett. Lendenuhr. Schulteruhr.
Der Polizist nimmt meine Personalien auf. Null. Null. Rückenuhr.
Blutuhr.
Ich fürchte mich vor Zigarettenqualm. Knochenuhr.
Fleischuhr.
Die Straßen schrein, ich fürchte mich.

(1983)

✦ ✦ ✦ ✦

Die Bananenstaude am Flussufer

Einmal kamst du außerhalb des Lärms der Dinge, schriebst mich nieder, so als ob du damit alles, was sich regt, zum Tode hin verändertest. Und dort verwahrt dich nun die Zeit und denkt nicht länger an die Tage, die da kommen und gehen.

Jemand schreibt dort ohne Unterlass. Der Bananenstaude am Flussufer gleich beobachtet er, wie das Wasser fließt: jeden Tag anders. Mit jedem Schritt wird die Welt hinter ihm ein klaffender Raum. Er kommt zu dir wie der Gedanke, dass alles sterben muss.

Einmal kamst du außerhalb des Lärms der Dinge, und deine Füße waren nur Erzählungen, in denen jede dunkle Seite aufgezeichnet ist des Schweigens und des Unaussprechlichen. Und wieder klaffte hinter ihm der Raum, und er schrieb dich nieder. Als wüsste er, dass alles, was vergehen muss, dem Wort ein Ende setzt.

(1983)

✦ ✦ ✦ ✦

Das zerbrochene Mikrofon

Sie haben die kleine Stadt verlassen, der Lautsprecher und sein stiller Zuhörer. Und sie sind nie zurückgekehrt. Die kleine Stadt ist heute ein Wort ohne Bewohner. Oft besuchen sie der Regen und die Nacht, bringen ihr Verse von Gedichten, die sich angesammelt haben.

Doch das zerbrochene Mikrofon hat ein Wort entstehen lassen, einen Zentimeter lang, es zitterte, als es dich las. Die Leute sagen, dass die Sprache in der kleinen Stadt ein Waisenkind geworden sei. Dann tropften Regen und Nacht unaufhörlich in dein Herz, und die Menschen sprachen nur noch mittels zitternder Finger. Doch das Mikrofon hat dich nie gekannt, in keiner Stadt. Dann begannen Regen und Nacht, sich von den Erinnerungen zu lösen, und wurden Worte ohne Botschaft.

Glaubst du noch immer, dass es Gedichte geben kann ohne eine Tradition des Lesens?

Die Stadt, der Regen und die Nacht sind heute bloße Dinge, in deiner Hand, die voll ist mit Geschichten. Sie wollen nichts mehr sein und niemand. Das zerbrochene Mikrofon hat Städte besucht, wie jener Redner, einen Zentimeter lang, an deinem Hals. Keine Worte gibt es mehr, die dich ersetzen könnten. Das zerbrochene Mikrofon spie sodann die Leser aus, zwischen den Lautsprechern, vor einem Zentimeter, und trennte das Wort von der Erinnerung.

(1989)

✦ ✦ ✦ ✦

100 Jahre lang war Adam davon überzeugt, ein Mensch zu sein

Ich schickte ein Badezimmer, um ihn damit zu wecken. So wie ich deinen Leib erweckte, vor zehn Minuten der Wut. Mit dir war ich an jenem Ort, dann ging ich von dir, als ein Klumpen Erde auf den Boden fiel: Es demütigte mich, du zu sein, jedem deiner Finger zu entwachsen … Alles fiel heraus aus deinem Leib. »Ich warte, Adam, warte auf die Farben deines Leids an allem Wissen.«

Auf der Straße, des Nachts, als alle ihre Hände in Hosentaschen bargen, machte ich mich heimlich davon. Schluss mit den nächtlichen Gesprächen mit Mänteln, Taschenlampen und Klappmessern in Hosentaschen. Es demütigte mich, du zu sein. Angst küsste meine Füße in jener Nacht, Angst, weil der erste Adam auf die Welt gekommen war.

Meine Füße bebten, und ich merkte, dass ich in Schweiß ausbrach vor jedem Lautsprecher. Manche wollten dort an andre Offenbarungen gelangen, an Offenbarungen von andren Badezimmern, die besagen, dass der Tod mein Denken verletze. Alles war aus deinem Leib herausgefallen.

Alles fiel heraus aus deinem Leib.

Doch eines Tages, an der Kanzel, die dich hinausgeleitete, waren die Straßen voll mit brennenden Autos, schwarzer Rauch drang aus den Gebäuden, Splitter von Schaufensterscheiben flogen umher, die Stadt wurd eine andere. Adam riss das Mikrofon eines Predigers an sich. Tausend Hände packten ihn. Sie schleppten ihn fort, und aus seinem Leib fiel die Vergangenheit heraus, in Stücken.

Ach, Adam, in den Nächten ohne Mikrofon, da sind die Menschen auf der Suche, nach einer Einsicht unter all den Messern, dort, wo sie schließlich sagen: Gedemütigt hat meinen Tod die Einsamkeit.

(1989)

✦ ✦ ✦ ✦

(*1957)

Dada

Einen Tag lang. Die Zeit war verschwunden, Dada. Die Welt lag in schlafenden Händen. Wollte ein Mensch sein, der im eignen Traum verbrennt. Einen Tag lang. Alles lag in der verschwundenen Zeit. Lies, Dada. Lies, warum man lesen muss, auf welche Art man lesen muss. Die Leute liegen im eigenen Leib, in eigenen Gedanken. Rezitiere, Dada. Rezitiere. Ob man ein Mensch ist, ob man liest und schreibt, das liegt in eines jeden Hand.

Einen Tag lang. Die Zeit sät nichts, Dada. Nur das Leben, nur das Leben liest sich selbst; so, wie Kinder lesen, Kinder fragen. Schreib, Dada. Schreib, warum man schreiben muss, auf welche Art man schreiben muss. Die Leute halten sich von allem fern, was sich bewegt, Dada; als ob sie all das fürchten, was von ihnen selbst gelesen und geschrieben wird. Lesen wird Warum des Lesens, Schreiben wird Warum des Schreibens.

Einen Tag lang. Ich träumte, Mensch zu sein, Dada. Einen Tag lang. Dada. Einen Tag lang.

Dada: die primäre Bedeutung dieses Wortes ist im Indonesischen »Brust«, es kann aber auch als dada(h) (Tschüss), als Frauenname und schließlich sogar im Kontext mit »Dadaismus« gedeutet werden. Deshalb und insbesondere auch wegen seiner klanglichen Funktion wurde das Wort in die deutsche Übersetzung übernommen

(1983)

✦ ✦ ✦ ✦

Unser Mädchen

Mädchen, wohin trieb es dich. Du gingst in die Lippenstiftstadt. Du gingst in die Stadt des Parfüms. Mädchen, dein Körper blendet mich, er glänzt so hell im Neonlicht. Dein Körper ist ein Markt. Lass, Mädchen, keinen Strand entstehen, der so lang wie deine roten Lippen ist. Sonst nimmt das Meer dich mit, sonst holt dich das Shampoo. Bring keine Schilder an im Straßenverkehr deiner Brüste. Sonst ärgert sich die Polizei. Sonst ärgert sich die Polizei. Sonst beißt eine Katze das Gelb deiner Haarschleifen ab. Lass, Mädchen, deinen Leib nicht buntes Plastik werden, er ist doch Honig, er ist Opium. Sonst werden wir gottlos, sonst nehmen uns Gespenster mit. Mädchen, wir lieben dich doch. Wir alle lieben dich. Flieg nicht zu weit, nicht zu den Schleifen in deinem Haar, nicht zur Borte deines Kleides, nicht zum schrillen Geschrei deiner Schuhe. Sonst stirbt Mutter. Sonst stirbt Mutter. Sonst stirbt Mutter.

(1985)

✦ ✦ ✦ ✦

Im Münster

Die schweren Pforten des Münsters streifen ihre Körper ab, am Ufer des Rheins, in Basel. Die hohen Säulen schaffen ihre eigne Nacht. Die kalten Bänke schaffen ihren eignen Raum. Ließ ich jene Kälte nicht längst hinter mir, dort, auf dem Schilthorn, wo der Schnee an einem Wasserfall eine ganze Stadt aus Eis entstehen ließ. Der blasse Himmel ward gekreuzigt, in diesem alten Gotteshaus. Etwas rüttelt an meinem Arm. Ich schluchze, ich bin bei dir zu Gast.

Sie hält noch einen Donut in der Hand, ihre Finger sind bläulich und schwach, aus dem Faltplan fallen Steine. Meine Freundin geht in ihrem Leid verloren: Rettet die Liebenden, sagt sie. Ich berühre ihre Schultern, die werden zur schweigenden Mauer, darauf steht in deutscher Sprache: *Amis raus!* – in zitternden Lettern, in der Marienkirche. Wieder warte ich auf sie, in der U-Bahnstation. Ihr Körper ist ein einsames Hotel, ein Poster, und die Menschen eilen vorüber …

Die Kutsche ward gekreuzigt in diesem alten Gotteshaus, jetzt knarrt sie wieder. Junge Liebespaare fahren darin umher, und das Morgen ballt sich zu einem weißen Klumpen. Ich schluchze. Aufs Neue läuten die Glocken, sie rufen dich.

Seit jenem Osterfest, das weiß ich, tut's nicht mehr Not, dass wir uns treffen … Die Bänke wurden Nacht. Auch die Gefäße, die Teller und Schalen.

(1993)

✦ ✦ ✦ ✦

Die blaue Katze

Schon drei Nächte lang hat eine kranke Katze vor meiner Tür geschlafen. Sie hat geseufzt, gestöhnt. Und die Geräusche schienen aus dem dunklen Gras im Garten zu mir zu dringen. Dann wieder hörte es sich so an, als ob ein Geist gerade dabei wäre, eine Abmachung mit dem Jackfruchtbaum zu treffen. Die Leute meinten, die Katze wäre ein Opfer schwarzer Magie. Ich versuchte, sie zu verscheuchen. Doch da blickten ihre Augen mich an, als wären es die Augen meiner Mutter. Die Leute meinten, dass die Katze meine Seele wäre, meine eigene und kranke Seele. Mich bat sie darum, in meinem Zimmer schlafen zu dürfen. Sie zu verjagen, brachte ich nicht übers Herz. Ihr Fell war für mich wie die Erinnerung an Liebe.

In der vierten Nacht jedoch fühlte ich mich von ihr belästigt. Ihr Stöhnen roch nach Blut. Sie begann, in meinen Gedanken zu schlafen. Es war, als wäre dunkles Gras in mir, als wär ich selbst die kranke Katze. Und dann immer wieder jene seltsam-magischen Geräusche vor der Tür. Als ob der Jackfruchtbaum in meinem Körper auf- und abginge, der Katze gleich, die vorgab, meine kranke Seele zu sein. Schließlich tötete ich die Katze. Erwürgte sie mit einer Plastikschnur. Ihre Augen waren wie der Tod, der an Fensterscheiben klopft.

Am nächsten Morgen entdeckte ich, dass aus dem Mund, den Ohren und den Nasenlöchern der Katze Erde gedrungen war, rote Erde. Darauf wuchs Gras. Ich sah, dass Fische im Magen und im Schädel der Katze umherschwammen. Keine Zeitung erschien an jenem Morgen, auch keine Sonne.

(1997)

✦ ✦ ✦ ✦

Die Kette eines Freundes

Heute bin ich glücklich. Mit einem alten Freund sitz ich im Restaurant. Wir versuchen, einander Geschichten zu erzählen. Doch dann erkennen wir, dass wir in verschiedenen Zügen unterwegs sind. Durch deren Fenster schauen wir uns an, mehr nicht. Warum können wir den Ort nicht miteinander teilen? Seine Telefonnummer ist in meiner Hemdtasche, ein Fluss unterm Kissen. Plötzlich wird die Zeit ein wildes Tier. Und hinter den Fenstern lauern auf uns die scharfen Zähne der Sprache.

Das Essen wird gebracht. Darin ist ein Friedhof der Zeit, um zwölf Uhr nachts in meinem Leib. Wer starb auf diese Weise? Der Kellner legt die Rechnung auf den Tisch, ihm ist der Friedhof egal. Draußen sehe ich: schon wieder ein neues Gebäude. Meine Hände streck ich aus nach dir, wie die Sprache, die dich immerzu verändert.

Ich halte seine Hand ganz fest, mein Freund ist wie der Nieselregen hinterm Fenster. Benetzt die Blätter im Garten, töpfert der Zeit einen Kübel. Draußen der Zug ist abgefahren, ließ uns auf demselben Bahnsteig zurück. Doch die Augen meines Freundes scheinen jedermann herbeizurufen, wollen beweisen, dass er gemeinsam mit der Zeit gewachsen ist. Er will die Tränen der Wörter sehen. Will aus der geballten Faust des Säuglings ein Gedicht erstellen. Will, dass die Zähne der Sprache an unsren Hälsen zu einer Kette aus Juwelen werden.

Ich seh, wie weißer Rauch aus meinem Mund quillt. Und der Rauch wird Flamme. Tilgt alles um mich herum. Auch mich und meinen Freund. Wir werden eine Feuerkette. Verlassen das Restaurant, das wir angezündet haben. Das Sprachfeuer aber wütet weiter, wie ein Feuerwald. Und immerzu willst du es löschen.

(1997)

✦ ✦ ✦ ✦

Acep Zamzam Noor

ACEP ZAMZAM
Der Gesang de
Wind und Fels
noch ___ Requ
und Mündung
Gespräch ___ Sa
freches Gedich
deinen Leib

(*1957)

NOOR (*1960)
Taus _____
_____ Wie lang
iem _____ Fluss
___ Herbstliches
cré-Cœur ___ Ein
___ Ich meißel
Du weißt es ___

Der Gesang des Taus

Selbst der Kummer war sodann
In deinen Augen reif geworden
Er erkannte den Sinn der Vergänglichkeit
Und kostete vom Salz der Tränen

Als ein lodernder Himmel Zeuge
Des Bruderkampfes deiner blinden Augen ward
Und er rann auf deine Wangen
Wurde morgendlicher Tau

(1982)

✦ ✦ ✦ ✦

(*1960)

Wind und Fels

1
Warum ist's der Fels, der schweigen muss
Und nicht der Wind? Fest ist er und kalt
Doch glüht er wie Feuer
Tief in ihm fließen Flüsse und stille, lautere Gebete
Er schweigt, bleibt stumm
Doch ist in ihm ein Dröhnen

2
Warum ist's nicht der Wind, der schweigen muss?
Warum ist's der Fels? Ihn hat die Zeit gehärtet
Die Sehnsucht reif gemacht

(1984)

✦ ✦ ✦ ✦

Wie lang noch

Wie lang noch muss ich deiner harren
Durch die Lüfte segeln wie ein Blatt
Bevor es auf den Boden fällt und gilbt? Treu
Wird die Erde dich empfangen als Geliebten

Wenn die Winde immer weiter dich nach Norden wehen
Wird der Himmel tiefer noch im Nichts versinken. Wie lange
Muss ich treu noch sein? Längst trage ich die Zeit im Schoß
Längst ließ ich mein Verlangen reifen. In jenen Stein
Hab, Tod, ich deinen Namen längst gemeißelt

(1984)

✦ ✦ ✦ ✦

(*1960)

Requiem

Was suchst du in der Stille?
Lern von den Steinen
Mach dir das Wasser zum Lehrer
Deute die Wetter
Sprich mit dem Wind

Du verließest dein Zuhause
Du ließest die Bücher zurück
Du streiftest alle Kleider ab
Du warfst den Ring zu Boden
Du schrittest in die kalte Nacht

Was suchst du im Schweigen?
Die Nacht ist dein Gefährte
Doch die Sterne siehst du nicht
Deine Stimme ist erfüllt von Einsamkeit
Doch hart wie Eisen ist dein Herz

Du durchwandertest die Stürme
Du durchwatetest die Zeit
Du verbranntest dein herrliches Haar
Du ließest dein Leben verglimmen
In der Glut der Liebe

Doch was suchst du
Im Nichts?

(1988)

✦ ✦ ✦ ✦

Fluss und Mündung

Es lehrte uns die Einsamkeit
Dass jeder Winkel dieser Welt ein neues Dunkel birgt
Im Zittern deiner Hände spüre ich
Dass die Winter nie vermochten, unsre Sonne ganz zu löschen
Und in meinen Augen siehst du, wie der Regen innehält
Wir umarmen uns sodann wie Jahreszeiten
Die sich in derselben Einsamkeit begegnen
In unsrem Zimmer stellen wir den Ofen an
Und verbrennen unsre Kleider und Erinnerungen
Daraus wird Rauch, der füllt den Raum und die Zeit

Wir fordern nicht den Schnee auf
Dass er falle und unsre Betten nässe
Dies tun die flutenden Sekunden unsres Schweißes
In eine jede Höhlung deines Leibes taste ich
Als taste ich in jeden Winkel unseres Planeten
Mal gleit ich aus auf glattem Untergrund
Mal keuche ich auf steilen Bergeshöhen
Und dann berührst du meinen Herbst mit deinen Frühlingshänden
So dass die Wiesen meines Leibs ergrünen
Und wir uns küssen wie Fluss und Mündung
Die endlich zueinander fanden
Die einander füllen und dabei schon voneinander lassen

(1992)

✦ ✦ ✦ ✦

(*1960)

Herbstliches Gespräch

Dies Gespräch zwischen uns
Ist wie ein Tropfen Lust, wie roter Wein
Bleich liegt dein Antlitz auf dem Tisch
Und in deinen Haaren stürmen Winde
Deine Hände sind so kalt. Mir
Hat ein Herbst die Tage ausgerissen
Glühende Blätter
Fielen und faulten
Wir sind darunter begraben

Dort unten
Werden wir uns neue Häuser bauen
Aus den Trümmern der zerstörten Welt:
Aus Flaschen, Zigarettenkippen
Aus Blut, das trocken ward auf Tischen
Die Häuser der Zukunft verschlucken das
    purpurne Licht
Gebären Finsternis. Meine Stirn platzt auf
Und Blitze biegen sich zur Erde hin
Deine Träume werden von den Fluten fortgespült

Bäume aus Beton
Ein Dschungel aus Schatten
Trümmerhaufen der Geschichte und ein schiefer
    Turm
Was ich erinnere, das birst
Meine Hände strecke ich zum Meer hin aus
Meine Beine schlafen in den Wäldern ein
Mein Bauch, der träumt und spricht im Schlaf
Mein Hirn, das ist mit Wasser vollgesogen
Eine Kugel schlägt in meinen Oberschenkel ein

Dies Gespräch zwischen uns
Ist Hochzeit und Scheidung
Auf deinem Antlitz fault ein Apfel
Tanzt die Granate
In deinem Mund tosen Regen und Stürme
Die Welt wird ockergelb. Es funkeln die Häuser
    aus Glas
Um die sich wirr die Straßen winden
Meine Worte sind in einem Tunnel
Werden dunkel, finstrer noch als die
    Vergangenheit

(1992)

✦ ✦ ✦ ✦

Sacré-Cœur

Ich lass die lauten Märkte hinter mir
Der Straßenhändler lange Reihen
Ich steige die steilen Stufen hinauf
Jener Treppe, die sich an den Hügel lehnt
Ich weiß: Bis zur Spitze des Turmes von Sacré-Cœur
Werd ich niemals gelangen

Ich schweige
Halte inne
Zähle die dumpfen Schläge der Zeit
Die hier, an diesem Hang
Ihr Bad im Schneegestöber nimmt

In die Lindenzweige
Mal ich dein Gesicht
Dein spitzes, doch starkes Gesicht
Dann leg ich einen Namen
Unter den Titel eines Gedichts über Liebe
Noch immer nicht hab ich's vollendet

Der Wind pfeift laut, die Vögel
Finden vor der Kälte keinen Schutz
Hoch ragt der Turm empor
Ich spüre, wie die nasse Luft
Mich niederdrückt

Mir scheint, dass unter deinem dicken Mantel
Sich irgendwas verbirgt
Aus deinen Locken stiebt der Schnee auf
Dein Atem birgt den Duft von Speisen
Deine Stimme wellt in die Luft
Du setzt deinen Fuß auf die Wolken
Die gemeißelten, glitzernden Wolken

Ich weiß: Bis zur Spitze des Turmes von Sacré-Cœur
Werd ich niemals gelangen

(1997)

✦ ✦ ✦ ✦

(*1960)

Ein freches Gedicht

Meine Gebete
Schlüpfen unter deinen
Büstenhalter. Fingergleich

Meine Finger
Sind frech
Wie Gebete

Sie kneten deine Brüste
Im Paradies

(2002)

✦ ✦ ✦ ✦

Ich meißel deinen Leib

Ich meißel deinen Leib zwölf Stunden lang
Bis er ein Regen ist. Ein Schweigen fließt aus diesem Leib
Das lag im Dschungel der Erinnerung verborgen
Ein Wasserwirbel ist dein Leib
Aus Unrast und Verlangen

Ich staue deinen Leib zwölf Stunden lang
Ich staue ihn mit Küssen. Er wird ein Fluss
Der steigt aus seinem Bett, aus seiner Finsternis
Eine Woge ist dein Leib
Die reißt mich in den Ozean des Schaffens

(2003)

✦ ✦ ✦ ✦

(*1960)

Du weißt es

Du weißt, auf meinen Wegen
Gibt es keine Liebe mehr
Die Sterne, denen ich nachjagte
Sind verschwunden.
Die Lichter auf den Straßen
Sind verloschen, und alle Schilder
Weisen nur den Weg in tiefe Klüfte
Du weißt, in meiner Rede
Gibt es keine Liebe mehr
Was ich noch sagen kann
Entstammt der Finsternis
Die Worte, die ich von mir gebe
Sind seltsam fremd und drohend
Wie das Knallen von Gewehren
Du weißt, in meinen Gedichten
Gibt es keine Liebe mehr
Voll mit Reklametafeln sind die Städte
Durchdrungen von Gefasel und Geschrei
Was die wollen, die da so laut brüllen
Bleibt im Dunkeln
Du weißt, in meinen Gebeten
Gibt es keine Liebe mehr
Ich bete in der Gosse
Lebe ohne Überzeugungen
All den Frauen, die ich liebte
All den Politikern, die ich verehrte
Kann man nicht vertrauen
Du weißt, in unserem verfaulten Land
Da gibt es keine Liebe mehr
Worte und Fürze sind dasselbe
Nicht unterscheidbar sind Lachen und Weinen
Alles schläft, so tief und fest
Und kommt zu spät
Dabei wollte man doch Held sein

(2005)

✦ ✦ ✦ ✦

Nirwan Dewanto

NIRWAN DEW
Das lila Schw
Elefant von C

(*1961)

Das lila Schwein

Vielleicht war mein Fell so schön und weich wie Seide, doch in einen Spiegel mochte ich nicht schauen. Ich fürchtete, dass ich darin zu heilig wirken würde, und mit den Religiösen möchte ich nicht konkurrieren.

Vor Morgengrauen war ich wachgeworden und in die Reste deines Schlafs geschlüpft, verkleidet als ein weißgeschminkter Clown mit roter Schnauze erkannte ich, wie glücklich du inmitten deiner Feinde warst.

Plötzlich erwachtest du und suchtest mich am Rand der Flamme, hofftest, dass ein Teil meiner Rippen verbrenne, damit dein Appetit gesteigert, der Rest deines Lachens getilgt werde.

Du hattest immer deine Beine eines Rehs zur Schau gestellt, wolltest die Zahl deiner Bewunderer mehren. Meine Beine aber sind vollkommener als deine, auch wenn ich meine gerne in Moder versenke und Sumpf.

Ich habe die Geschichte meines Stamms studiert und weiß nun, dass wir niemals Wert auf Äußerlichkeit legten. Als wir in die Städte zogen, schenktet ihr uns Stapel von Kleidern, doch wir schnüffelten weiter an Würmern und Knollen.

Als du in meinen Hals stachst, entwich der Wunde ein Kleid, ein riesiges und rotes Kleid. Dies würde, dachtest du, meinem Leib gut stehen, der sich im Licht der Sonne zappelnd blähte.

Als ich perfekt gebraten war, hattest du mein wohlgenährtes Antlitz schon vergessen, das vielfach gefaltet war, um die Mörder zu verdecken, die dich unentwegt umringten.

Sanft sagte ich zu dir, dass du kein Schlachter seist, und dass die Götzendiener mich umsonst zu ihrem Kampfgefährten machten.

Nicht flog meine Seele hoch hinaus zum Himmel, sie tauchte ein in die tiefsten Schichten der Erde, dort, wo mir Gott die Tore heimlich öffnete.

Am Ende des Wegs sahen meine Ohren aus wie jene letzte Rose. Jene pechschwarze Rose. Eine hungrige Rose vielleicht, deren Gier noch währen würde bis zum Jüngsten Tag. Du wolltest sie pflücken. Ich sagte: Tu es nicht!

Den Menschen tut's nicht gut, die schwarzen dunklen Blüten zu bewundern, es stört die Gebete. Und außerdem, mir ward' kein Grab gegeben, nachdem ich dich getröstet hatte in deinen Träumen, die so hell und flüchtig waren.

Meine Gebete hast du nicht vernommen. Amen.

✦ ✦ ✦ ✦

(*1961)

Der Elefant von Celebes

an Max Ernst

Nur wenn auf seinem Rücken ein Flugzeug seine Mähne wird,
Wenn sich der fleißige Herr Ingenieur veredelt vor der Blumenrohrknospe,
Wenn die Schenkel der Frauen aus Bulukumba grün erstrahlen,
Wenn dein zerissenes Kleid deine bronzenen Brüste entlässt,
Dann nur werden wir ihn sehen können, den Elefanten von Celebes.

Fein sprießen Herz und Darm aus seinem Rücken
Wie dreifarbige Spielzeugbagger, die ihre Schaufeln öffnen und schließen.
Sein Rüssel ist auch sein Schwanz. Schwingt sich aus einer volkommenen Höhlung
Hin zum Schädel eines spanischen Stiers oder hin zur Maske eines Minotaurus.
Seine Elfenbeinhauer sind verborgen. Doch da sind zwei Schwerter,
Die ragen hinter seinen Schenkeln hervor, zwingen uns ihn zu lieben.

Natürlich halten wir es für unmöglich, dass er uns besucht,
Im Museum beispielsweise. Denn sein Leib,
bestehend aus zwei Schichten Stahl, riesenhaften dunklen Kesseln,
Sollte eher in der Wüste aufragen, oder auch am Grund des Ozeans.
Schau, am Rand, ein Pärchen grüner Fischlein öffnet ihm den Weg,
Und sieh, die Abgasfahne des Flugzeugs zielt heimlich auf ihn.

Fast hätten jene Turbanträger ihm untersagt,
In unsrem Lande sich zu zeigen. Denn die Mahuts waren schließlich nackt.
Doch sie vertrieben dich, du Lieber, nachdem du ihnen sagtest:
»Die Treiber sind doch keine Frauen, sind nur Mannequins,
deren Häupter in euren heiligen Schriften verdeckt sind.«
Sag, Lieber, warum verwirrt sie schon ein bloßer Torso?

Erst wenn Metaphern damit beginnen, vier Beine auszustellen,
Wenn der Glanz deiner Schultern nicht länger die Frommen erregt,
Wenn Tintenfische des Distriktvorstehers Grund und Boden beschmutzen,
Wenn ich dein Haar am Freitagmittag berühren darf in Parepare,
Dann erst sind wir in der Lage, ihn zu betrachten, den Elefanten aus Celebes.

Celebes: ehemalige Bezeichnung für Sulawesi
Bulukumba: Regierungsbezirk in Südsulawesi
Parepare (auch: Pare Pare): Stadt in Südsulawesi

✦ ✦ ✦ ✦

Soni Farid Maulana

SONI FARID M
Blätter___Der T
Katharsis___Da
Nach dem Rege
Kinder beten___
Nebel___Ein

(*1962)

ULANA (*1962)
d   Regen
Leichentuch
    Ich hör die
    Das Licht im
ied   Trunken

Blätter

Wen rührt es nicht, wenn Blätter fallen
Wenn der Wind mit ihnen spielt
Wenn die Sonnenstrahlen
Jedes einzelne liebkosen

Wen rührt es nicht, wenn Blätter fallen
Wenn der Tod mit Macht am Baum des Lebens rüttelt
Wenn der Morgenröte Schleier weggerissen wird vom Licht
Wenn heilige Stille die Seele von steinerner Last befreit

(1980)

✦ ✦ ✦ ✦

Der Tod

Ich entbiete dem Tod meinen Gruß mit Jasmin
Mit Blüten, die in meiner Seele sich geöffnet haben
Weine nicht, stimm an das Lied der Ewigkeit
Die lautlose Leere zu füllen, die mich umgibt

Mir scheint, als wandle ich auf einem steilen Pfad
Der in einen tiefen Abgrund führt
Meine Seele stürzt. Ach, ich entzücke meinen Tod
Mit einem bebenden Gebet: *Bismillah* –
Es möge geschehen, im Namen des Herrn!

(1983)

✦ ✦ ✦ ✦

Regen

Vom Regen verzaubert
Lausch ich der Stille. Wärme
Die der Leib empfing durch die Treue der Geliebten
Hebt den Geist hinan zum Sinn der Liebe

Und die Liebe, die erhaben über Worte ist
Deckt die Worte zu. Sie ist ein Boot, ich rudre es
Mit der Wahrheit und der Kraft von Gottes Rudern
Bezwinge die Wellen und Stürme
Bändige den Ozean des Vergänglich-Irdischen

(1984)

✦ ✦ ✦ ✦

(*1962)

Katharsis

Versunken bin ich im Schweigen der Steine
In den Tautropfen am Halm der Blätter
Versunken im Schweigen der Allnatur
Welche heilige Stille und Frieden
In meine Seele fließen lässt. Wie schrill doch
Der Vögel Gezwitscher so jäh in mir klingt!

(1985)

✦ ✦ ✦ ✦

Das Leichentuch

Nur dieses Leichentuch soll meine Seele kleiden
Wenn ich dereinst, Herr, vor Dich treten werde
Dies Tuch hier, das ich wob
Aus den Fäden meiner Tränen
Mit nächtlichen Gebeten wusch ich es
Bis dass die Nacht, die ich umfasste
Von wundersamem Licht durchflutet war

Nicht mag man meinen Leib
Dereinst in Seide hüllen
Auch nicht in anderen weltlichen Tand
Nur hindern würd dies meinen Blick
Auf Deines Schleiers Pracht
Und so genügt es mir
Wenn mich ein Tuch aus reinem Geist umhüllen wird
Aus dem es immer wieder schallt
»Ich glaube, Herr, ich glaube«
Bis meine Augen leuchten, glänzen

Dein Antlitz, Herr, erschauen!

(1986)

✦ ✦ ✦ ✦

(*1962)

Nach dem Regen

Nichts ist ewig auf der Welt
Alles kehrt zu Dir, o Herr, zurück.
Die rote Erde, die Schatten der Bäume
Die Fasern der Blumen, auch die Gebete

Sanft weht der Wind, und in der Brust
Spür ich einen einsam-leeren Raum
Es bleibt ein Rest von Tränentropfen
Schimmernder Firnis auf dem Rücken der Zeit!

(1990)

✦ ✦ ✦ ✦

Ich hör die Kinder beten

Ich hör die Kinder beten, in der Finsternis der Morgenfrühe
Ihre Stimmen ziehn am Schleier vor der Morgenröte
Damit alsbald das Sonnenlebenslicht erstrahlen lasse
Die Herzen, die nach Gott sich sehnen

Und Herzen, welche offen stehen, empfangen so des Lichtes Innerstes
Und Wohlgeruch und Düfte entströmen diesen Herzen
Aus Kindern, welche aufgegangen sind in Gottes Versen
Entwächst die süße Frucht der Gottesliebe
»Dich, Herr, allein verehren wir!«

(1992)

✦ ✦ ✦ ✦

(*1962)

Das Licht im Nebel

Eiseskälte hält mein Herz umfasst
Und im fernen All die Explosion des Sternes
Ist leiser als des Leides Dröhnen in der Brust
Derweil auf meinem Wege mir freudige Musik
Aus Bars und Restaurants entgegenschallt

Und da erkenne ich erneut in der Tiefe deiner Augen
Der Gespräche tiefen Schlund, aus dem es übel riecht
Nach dem Eiter unsrer Zeit. Was nur ist
Aus der Sprache geworden, die so nah der Liebe
Einstmals war? Als noch ein tiefes Grün die Bäume schmückte
Und die Nächte nicht wie fürchterliche Bohrer waren
Die jetzt immer neue dunkle Tunnel bohren

Jetzt erkenn ich, dass die Wege, die sich vor mir kreuzen
Linien eines Schachbretts sind, auf dem Figuren
Voller Gier verschlungen werden
Da schlägt die Uhr, es ist nun Zeit zum Frühgebet
Und dann zeichnet wunderbar der Tod den Regen
Auf der Leinwand meiner Seele, die nach Gott sich sehnt

(1992)

✦ ✦ ✦ ✦

Ein Lied

Als du mich grüßtest, war deine Stimme
So zart wie die des Windes
Wenn er die Bäume sanft umspielt
Die Nacht war angefüllt mit Mondenlicht
Auch deine Augen, Kummernebel wehten nicht

Unsere Begegnung, ich sog sie in mich ein

Das Lied, das du sangst
Baute eine Brücke, die wurde gesprengt
Von der Einsamkeit in meinem Herzen
Dort duftetest du wie eine Blüte des Cempaka
Und tilgtest den üblen Gestank
Meiner verfaulten Gedanken

Ach, deine Hände waren weich
Und voller Licht. Mit geschlossnen Augen
Schreib ich mein Verlangen nieder
Nach Neugeborensein mit dir

(1993)

✦ ✦ ✦ ✦

Cempaka: Baum mit wohlriechenden Blüten (*michelia champaca*)

(*1962)

Trunken

– für Berthold Damshäuser

Er bestellte Bratfisch und dazu auch noch
gekochte Krebse. Bier? »Das schadet nur der Leber«,
meinte er. Es wurde Nacht auf der Terrasse des Cafés,
und kalter Wind versetzte seinem Körper Schläge.

»Auch ohne Bier bin ich schon trunken. Die Kunde,
dass Er mich verlassen hat, betrübt meine Seele«,
sagte er. Eine Horde schwarzer Wolken
verschluckte den Mond, verschluckte die Sterne.

(2005)

✦ ✦ ✦ ✦

Joko Pinurbo

JOKO PINURB
Im Kühlschra
An einem
Kobolde   He
Begleite mich
Das Oder
Was das Geld
Der Soldat

(*1962)

O (*1962)
k: dein Name
rgendwo
mkehr
bitte ins Bad
Ich lege Eier
mir auftrug

Im Kühlschrank: dein Name

Im Kühlschrank ist noch
jener Auswurf deines Hustens
schlug sich nieder an Flaschen mit Milch.

Im Kühlschrank ist noch
jenes Keuchen deines Atems
hat sich eingenistet im gefrornen Wein.

Im Kühlschrank ist noch
deines Schmerzes Überrest
hat abgefärbt aufs welke Fleisch.

Im Kühlschrank ist noch
das Geflüster von deinem Geheimnis
abgefüllt in die Flaschen der Zeit.

(1990)

✦ ✦ ✦ ✦

(*1962)

An einem Irgendwo

Für ND

Jahre schon war meine Leiche verschwunden,
tja, wohin nur, und warum kam sie nicht heim.
»Mach dir keine Sorgen. Ich möcht mich nur mal amüsieren gehen,
im Zoo, die menschliche Komödie sehen«,
hatte sie mir zum Abschied gesagt.

Bei der Behörde für Entführungsfälle stellte ich Nachforschungen an:
»Wo wird meine Leiche aufbewahrt?«
»Deine Leiche ist in Sicherheitsverwahrung,
und zwar in einem staatlichen Geheimdokument.«
»Darf ich kurz mit ihr sprechen?«
»Nein. Wir werden sie nach Vervollständigung
der personenbezogenen Daten entlassen: Dokumente, Zeugnisse,
Abstammungsurkunde.«

Man sagte auch: »Deine Leiche macht 'ne Reise.
Von einem Ort zum anderen. Sie sucht deine Spur.
Warum gehst du ihr stets aus dem Weg
und weichst der Erinnerung aus?«

Tja, wir hatten uns verloren.
Liefen aneinander vorbei, auf getrennten Wegen,
am Scheideweg der Erinnerung, an einem Irgendwo,
das so relativ ist wie die Zeit, so bedingt wie der Raum.

Bis dann eines Nachts jemand zu mir kam.
Jemand öffnete, regendurchtränkt, meine Tür und trat in das Licht.
»Deine Leiche habe ich gefunden, unten auf der Seite einer alten Zeitung,
im Müll, vor dem Ministerium für Angelegenheiten des Presseverbots.«
»Wer bist du, Frau?«, fragte ich.
»Ich bin irgendwer oder irgendwas aus der Vergangenheit.«

Sie legte meine Leiche in meine ausgebreiteten Arme
und verschwand hinter der Halluzination.
Ihre Schritte und ihre Blutspuren
waren wie ein Sakrament: der lange und einsame Weg
in einen Garten Gethsemane.

»Jetzt erzähl mal, was geschehen ist.
Wer war die Frau, die dich zu mir brachte?«
»Jetzt nicht«, sagte meine Leiche leise. »Ich werde
von einem Spion beobachtet, der sich hier verbirgt,
hier, in dieser Narbe.«

(1997)

Ich umarmte sie und legte sie ins Familienalbum.
»Jetzt sei brav und schlaf. Später
kannst du mir alles erzählen.«

✦ ✦ ✦ ✦

Kobolde

Wörter sind Kobolde, die um Mitternacht erscheinen,
und er ist kein heiliger Asket, der gefeit wär gegen die Versuchung.

Kobolde wimmeln um seinen blutbefleckten Körper,
derweil die Feder, die er zückte, immer noch nicht brechen mag.

(1998)

✦ ✦ ✦ ✦

(*1962)

Heimkehr

Zu Hause angekommen, fand ich vor:
ein morsches Bett, einen Stapel Windeln, Uringeruch,
anhaltendes Weinen und einen Haufen kaputtes Spielzeug.
In der Ecke eines Zimmers sah ich Mutter, immer noch wach,
sie stopfte die Löcher verschlissener Decken und Kleider,
die sich allzu sehr gerieben hatten an der Zeit und an der Liebe.

»Wo ist denn Vater?«, fragte ich in die Stille,
»normalerweise sitzt er doch am Fenster und liest.«
»Vater ist fort. Er ist auf der Suche nach dir«, antwortete Mutter.
»Vor dreißig Jahren schon hat er mich deshalb verlassen.«
»Gut, dann werd ich Vater suchen, bis ich ihn finde.
Viel Spaß beim Stopfen, Mutter.«

Vor der Tür traf ich einen alten Mann,
der trug ein zerrissenes Hemd und eine weite Hose.
»Wohin so eilig«, sprach er mich an.
»Komm, wir trinken erst mal einen.«
»Du kommst aber spät«, sagte ich.
»Wo warst du denn? Beim Glücksspiel, was?«
»Ich hab gekämpft. Hab meinen Sohn gesucht.
Dreißig Jahre lang. Wohin willst du denn jetzt?«
»Ich ziehe in den Kampf. Will meinen Vater suchen.
Dreißig Jahre lang hab ich sein Schnarchen nicht gehört.«

Wir starrten einander an.
»Gute Reise«, sagte er und kniff mich in die Wange.
»Dann schnarch mal schön«, sagte ich und zog an seinem Bart.

Er wollte ins Haus, ich wollte gehen.
Und von drinnen rief Mutter:
»Kämpft! Mann gegen Mann!«

1998)

✦ ✦ ✦ ✦

Begleite mich
bitte ins Bad

Gegen Mitternacht wachte er auf und weckte
den Jemand, der neben ihm schnarchte.
Begleite mich bitte ins Bad.

Er hatte Angst, allein ins Bad zu gehen
denn der Weg dorthin war finster und einsam.
Meinem Körper könnte was abhanden kommen unterwegs.

Und so begleitete ich dich auf deinem Pilgerweg ins Bad
im schönsten all der Körper, über die du noch verfügst.
Bitte warte draußen. Ich muss alleine was erledigen.

Finster war's im Bad. Du tastetest deinen Körper ab
und vernahmst eine Stimme: *Warum bloß findest du mich nicht?*

Erst am Morgen verließ er das Bad, und jener Jemand
der ihn nachts begleitet hatte, war verschwunden.
Freudigen Gesichts stieg er wieder in sein Bett;
und entdeckte den Jemand, der schnarchte so laut.

Vielleicht hatte ich ja deines Schnarchens wegen
Angst, ins Bad zu gehen.

(2001)

✦ ✦ ✦ ✦

(*1962)

Das Oder

Als ich jenes Badezimmer betrat, stand da plötzlich
eine hübsche Frau im weißen Kleid
und setzte mir ein Messer an den Hals.
»Wählst du Liebe oder das Leben?«, drohte sie.

»Lass mich erst noch baden, Frau«, bat ich sie
»damit ich rein von meinen Sünden werde.
Danach vergewaltige mich.«

Als ich gebadet hatte, war die Frau verschwunden
irgendwohin. Argwöhnisch ging ich zurück:
Ob sie unterwegs auf mich lauerte ...

Welche Sünde hatte ich begangen? Niemals hatte ich
einer Frau Schmerzen zugefügt, nur bei meiner Geburt.

Als ich das Schlafzimmer betrat, stand da plötzlich
eine kahlköpfige Frau im weißen Kleid
und setzte mir ein Messer an den Hals.
»Vergewaltigung oder das Leben?«, drohte sie.
Zitternd stieß ich aus: »Ich wähle das Oder!«

Sie lachte laut und sprach: »Wie schlau!« Küsste meinen Hals
und sagte: »Schlaf jetzt ruhig ein, mein Liebesleid,
in deinen Träumen werd ich wiederkommen.«

(2001)

✦ ✦ ✦ ✦

Ich lege Eier

Nach langem Kampf hab ich es endlich geschafft: Ich kann Eier legen.
Meine Eier kommen heil und kräftig auf die Welt,
ihre Farbe ist pechschwarz.

Ich bin Züchter: Immerzu
züchte ich Wörter, doch ein Wort,
das uns ausdrücken könnte, war noch nie dabei.

Die Wörter, die ich suche, sind – so heißt's – in meinen Eiern.

Ich lasse meine Eier reifen im Wörterbett, in welchem lange schon
kein einzig' Wort geboren wurde. Ich brüte jede Nacht,
bis dass ich fiebere und Wirres fasele.

Und wenn ich so vertieft ins Brüten bin, dann springen manchmal
meine Eier aus dem Bett, prallen auf den Boden,
rollen langsam Richtung Klo, kullern fast hinein.
Doch immer schaff ich's gerade noch,
sie aufzulesen und ins Bett zurückzubringen.

Wo sind meine Eier? Immer mehr Menschen
vermissen ihre Eier und verdächtigen mich,
sie aus ihren Betten entwendet zu haben.

Ach ihr Worteier, ihr Eier des Leids, endlich tun sich Risse auf in eurer Schale.
Ihr schwellt an, ihr platzt, und dann quillt Blut hervor.
Meine Eier sind das nicht

(2001)

✦ ✦ ✦ ✦

*(*1962)*

Was das Geld mir auftrug

Als ich fern von der Heimat meinen Lebensunterhalt verdiente,
trug das Geld mir Folgendes auf: »Sei sparsam, sei geizig,
um alsbald ein reicher Mann zu sein. Und wenn du reich bist,
kannst du an der Armut Rache nehmen.«

Jahre später kam ich heim, als ein reicher Mann.
An der Stelle meines Dorfes ließ ich eine neue Siedlung bauen.
Hurra, ich hatte die Armut besiegt!
Eine Zukunft brauchte ich nicht mehr.

Dann geriet ich in Armut. Verlor mein Vermögen.
Ich war mir nichts mehr wert.
Aus Reichtum waren Schulden geworden.

Und als ich wieder in die Fremde ging, um dort neuen Reichtum zu erwerben,
trug das Geld mir auf: »Sei sparsam, gib deine Armut nicht aus.
Denn hättest du diese nicht mehr,
wie könntest reich du sein im Tode?«

(2001)

✦ ✦ ✦ ✦

Fast

Zwei blinde Bettler standen seinerzeit vor meiner Tür.
Sie baten nicht um eine milde Gabe, stattdessen fragten sie:
»Sind Sie schon reich?« Und ich antwortete: »Fast!«
Höflich verabschiedeten sie sich und gingen
zu meinem Nachbarn, der fast gar nichts mehr besaß.

Dann schien mir, dass ich reich genug geworden war,
und legte eine milde Gabe für das Bettlerpaar bereit.
Die beiden tauchten schließlich wieder auf,
doch sie machten keinen Halt bei mir, gingen gleich zum Nachbarhaus.
Ich konnte leise die Stimme des einen vernehmen:
»Bei diesem Herrn hier wollen wir nicht betteln. Aus Mitleid,
denn er ist fast arm. Ihn wollen wir demnächst beehren,
wenn er fast schon tot ist.«

(2001)

✦ ✦ ✦ ✦

Der Soldat

Als du schliefst, da hockte ein Soldat auf deinem
Körper, rauchte, spielte Gitarre und sang dazu
in falschen Tönen ein Lied zur guten Nacht.

Auf deinem Körper lag ein Soldat, leckte das Blut ab
von der Messerklinge, flötete, erhob sich dann und
schwenkte das Gewehr. »Es lebe die Revolution!«, schrie er.

Als du schliefst, Geliebter, suchte ein Soldat nach meinen Spuren
in den roten Wunden in deines Körpers höchster Pein.

(2001)

Agus R. Sarjono

AGUS R. SARJO
Rendezvous ___ H
Das Land der Ill
Gedicht des Bau
Eine Geschichte
heißen Luft ___
Demokratie der
Auf der Mirabea
Celan ___

(*1962)

NO (*1962)
eimliche Notizen
sionen_____
rnsohns_____
us dem Land der
Regentränen____
ritten Welt____
-Brücke _____
Trakl_____

Rendezvous

Wie hübsch du bist, sagte der Golfplatz zum Gänseblümchen,
das sich sanft im Winde wiegte. Und das Blümchen
senkte den Kopf. Es musste an die Reishalme denken,
an die Büffel, an die Gemüsepflanzen. Die
waren alle schon vor Morgengrauen geflohen.

Wie verführerisch du bist, flüsterte der Golfplatz und
zwinkerte dem Gänseblümchen zu. Und das Blümchen
schaute verlegen in die Ferne, als suche es dort einen Halt.
Dann schaute es den Golfplatz an, der nun versonnen lächelte
und des Blümchens Haar durch seine Finger gleiten ließ.

Wie wundervoll du bist, raunte der Golfplatz,
und seine Augen funkelten. Da begann
das Gänseblümchen zu schluchzen: Grausam bist du,
hast meine Geschwister und Freunde vertrieben.
Unser ganzes Glück hast du zerstört.

Aber ich hasse den Reis, ich hasse das Gemüse,
ich hasse den Düngergestank, ich hasse …

Du gönnst keinem sein Glück. Eifersüchtig hasst du alle …

Keinesfalls, entgegnete der Golfplatz und
umklammerte die Finger des Gänseblümchens.
Dich, Blümchen, liebe ich!

(1991)

✦ ✦ ✦ ✦

(*1962)

Heimliche Notizen

Zu meinem Frühstück gibt's wie immer: tropische Wälder
mit Mayonnaise, serviert auf feinstem Porzellan.
Dazu natürlich Schulkindersteaks.
Auf Arbeiterschweiß on the rocks verzichte ich.
Arbeiter nämlich zeigen heutzutage zu viel Wut
und Grimm, ihr Schweiß wird säuerlich davon,
und meinem Magen würde das nur schaden.
Ich flöte vor mich hin. Am liebsten würd ich ja
Gedichte schreiben: über den Morgentau, über die
Strahlen der Sonne im Blättergeflecht, über die
sanften Wellen am weißen Strand. Doch leider
muss ich noch so viele Vorgänge abzeichnen. Ich weiß,
da geht's zum Teil auch um dich, um deine Existenz.
Ach, verzeih, ich habe immer so viel zu tun, mir bleibt ja
kaum noch Zeit. Deshalb sind wir uns so fremd geworden,
und ich habe dich fast aus den Augen verloren. Neulich
hörte ich, dass du glücklich bist und verliebt. Von
einem Teller esst ihr beiden und führt in der ärmlichen Hütte
frohgemut ein Tänzchen auf. Ja, auch Tränen feiern Feste.
Wie schön das ist! Ach, ich kann nicht bei euch sein
und das alles miterleben. Meine Tage sind so ausgefüllt,
und dauernd muss ich Pläne schmieden: Wie gelange ich
am besten an dein Land und seine Ressourcen.
Allzu schwierig sollte es nicht sein, schließlich hatten
deine Ahnen mir das alles auch schon willig überlassen.
Übrigens, wenn wir uns irgendwann einmal begegnen sollten,
dann behaupte nicht, dass du mich kennst. Ich bin nur
eine Illusion, eine bloße Fiktion, tief im Ozean
deines Hungers, deines Glücks. Bin nur
ein Traum, und im Morgengrauen löse ich mich auf.
Doch sei auf der Hut, sonst
könnte auf der Speisekarte
meines Abendmahls
ganz plötzlich
auch dein Name stehn.

(1994)

✦ ✦ ✦ ✦

Das Land der Illusionen

Vor dem Fernseher werden unsere Mütter zu
sentimentalen Teenagern. Sie kehren zurück
in die alten Geschichten von Liebe und Leid,
verwandeln sich in Aschenputtel,
das arm und hübsch war, so wie's Indonesierinnen sind.
Gemeine Händler und grausame Herrscher
tauchen auch in den Geschichten auf,
sie halten den jungen Helden gefangen,
den, der einmal der Retter werden soll.
Und wie Aschenputtel warten unsre Mütter
auf ein Wunder und auf's Glück.
Doch nichts verwandelt sich in eine Kutsche,
nichts in gläserne Schuhe, in denen sie so gern
zum Fest schreiten würden im Königspalast.
Nach dem Fernsehen wenden sich die Mütter
unseren Vätern zu, was sie ernüchtert und betrübt,
denn dann ist Schluss mit Poesie. Denn deren Gesichter
sind Zeitungen: voll mit Gewaltverbrechen,
politischen Witzen und Sexualberatung.
Und trotzdem sind die Mütter überrascht, wenn ihre Söhne
plötzlich so brutal wie Trickfilmhelden sind
und die Töchter sich als Mannequin bewerben
für ein Süßigkeitenreklamebild, auf dem sie willig
ihre nackten Schenkel zeigen. Und dennoch schwätzt man
von Tabus und von indonesischer Moral.
Und wir? Wir sind zur Universität gegangen. Haben
auf staubigen Bänken Daten und Fakten gelernt. Haben uns
verirrt in der Welt der nationalen Epen und Historien,
wo es von Helden wimmelt und von Leuten, die vor dem Reden
ihre Waffen schärfen. Dies ist ein demokratisches Land!
sagst du und schwingst die Fäuste. Doch vor dem Fernseher
und auf den täglichen Zeitungsseiten erkennen wir schließlich
uns selbst: armselig und fiktiv, eine bloße Illusion.

(1994)

✦ ✦ ✦ ✦

(*1962)

Gedicht des Bauernsohns

Die Regenzeit ist jetzt vorbei. Und ich sehe meinen Vater,
der gemeinsam mit den anderen Bauern
nun so emsig Trauer erntet. Davon ist
reichlich vorhanden in den Ähren des Reises,
der nie gereicht hat, um uns Kinder aufzuziehen,
damit wir einmal blühen könnten
auf dem Feld des Schicksals und der Zukunft.

Und so hocke ich auf meinen Sorgen
und auf meinen Träumen, müde und erschöpft
von der Arbeit auf dem Feld der Hoffnung,
auf jenen Schulbänken, die verstaubt
und fern des Lebens sind. Die Regenzeit ist jetzt vorbei,
sie war wie eine Zeit der Prüfung. Und nun starre ich,
so wie es mein Vater tut und wie es dessen Väter immer taten,
voller Wehmut in den Himmel, der sich farbenprächtig wölbt,
ganz so wie die Wange des Schicksals,
rotblau angelaufen, wie nach Schlägen.

(1996-1997)

✦ ✦ ✦ ✦

Eine Geschichte aus dem Land der heißen Luft

Es geschah an einem frühen Morgen: Der aus
tausend Stunden Indoktrination, hundert
    Zeremonien
und zehn Bajonetten errichtete Staudamm meines
    Dorfes
brach. Und dann ergossen sich die Tränen,
die jahrzehntelang zurückgehalten worden waren,
und durchfluteten die Straßen.
In einer Senke wurden sie zu einem Teich aus Blut.
Und die Menschen eilten hin zu diesem Teich
und wuschen sich darin die Haare, und wuschen
darin auch ihr Gedächtnis. Danach
sahen ihre Schädel aus wie Kürbisse.
Sie durchstreiften jeden Winkel meines Dorfes,
und manche unter ihnen hatten sich vermummt,
hatten sich als Mörder dingen lassen.

Beim Anblick dieser Horden gerieten meine
    Verwandten
außer sich. Sie packten sich einzelne
und zerschmetterten deren Schädel mit Steinen
oder zerhackten die Schädel mit Beilen.
Und dann suchten sie darin nach Überresten
von Gedächtnis und Erinnerung.
Vielleicht, so meinten sie, wäre in diesen Schädeln
noch manch mysteriöses Datenmaterial,
das der Unterhaltung und Zerstreuung dienen
    könnte,
während des Wachehaltens in der Nacht.
Aber Daten waren nicht in diesen Schädeln,
darin war lediglich Schaum, der aussah
wie schlecht ausgespültes Shampoo.
In einer Prozession hat man
die Schädeltrümmer dann herumgetragen,
so als präsentiere man Fetzen der Erinnerung
an eine Zeit in einem Land,
das voll gewesen war bis obenhin
mit heißer Luft.

Ein Nachbar, der Geschichten liebt,
hat dann eine dunkle Gestalt überwältigt,
die im Schlafzimmer auf ihn lauerte.
Er erwürgte den Mann. Doch als er ihm
die Kehle durchgeschnitten hatte,
floss daraus keine einzige Geschichte.
Nur heiße Luft entwich, unter Sirenengeheul,
das klang wie das Notsignal eines untergehenden
    Schiffes.
Nach diesem Vorfall entledigten sich
die Menschen meines Dorfes ihrer Schädel
und ersetzten sie durch Kokosnüsse. Die hatten
eine harte Schale und darin war sehr viel
    Kokosmilch.
Und die Menschen sagten, dass sie dies aus
    Vorsicht täten,
denn wenn irgendwann einmal das Dorf abgefackelt
werden würde, dann blieben die Schädel noch
    feucht genug,
um die Erinnerungen zu bewahren an die Kinder,
die in die Stadt gezogen waren, um zu lernen
oder sich irgendwie durchzuschlagen. Doch eines
    Nachts
tauchten die Kinder plötzlich auf im Dorf. Hinter
    ihnen
zogen Rauchschwaden und in der Luft hing
    Tränengas.
Im Genick der Kinder steckten Kugeln.
Da erstarrten die Väter, und die Mütter weinten.
Doch nach der Ernte, die wegen Ungeziefers
und aufgrund der Wetterlage so schlecht ausfiel,

(*1962)

pflanzten sie die Kinder auf den Feldern
geduldig wieder ein.

Und eines Morgens, in irgendeinem Monat, in
    irgendeinem Jahr,
da wurde unser Dorf verpflichtet, jenen Damm
    instand zu setzen.
Danach standen alle auf dem Damm und
    vergossen
sämtliche Tränen, die sie noch hatten.
Und sie hofften, dass sie vielleicht irgendwann
die Kokosnüsse absetzen dürften,
die Kürbisse und die Melonen auf ihrem Hals.

Und im Nieselregen eines Nachmittags, in
    irgendeinem Monat,
in irgendeinem Jahr, versammelten die Menschen
    meines Dorfes
sich wieder auf dem Damm, angelten nach
    Schädeln,
nach ihren alten, ihren eignen Schädeln.
Lange schon hatten sie sich danach gesehnt,
nach ihren ganz normalen Schädeln
mit Gedächtnis und Erinnerung. Und die
    Genehmigung
zur Wiederverwendung derselben hatten sie
    bereits erhalten,
vom Dorfvorsteher, der, wer weiß warum,
bekümmert dastand und sich seines
    Alligatorschädels schämte,
den er bis dahin noch so stolz
auf seinem Hals zur Schau getragen hatte.

Früher waren die Menschen meines Dorfes
dazu verpflichtet gewesen, Ohren zu sein.

Waren daran gewöhnt gewesen, den Schaum zu
    akzeptieren,
der ausgetreten war aus den seifigen, tückischen
    Mündern
der Machthaber. Heute sind sie froh darüber,
dass sie mittlerweile Münder sind. Doch nun,
nachdem sie endlich in der Lage sind
Geschichten zu erzählen, sind sie tief enttäuscht,
dass keiner mehr Ohr sein will, um ihnen
    zuzuhören,
was auch für die Dorfbehörden gilt.
Und so hört niemand all die neuen
von ihnen verfassten Geschichten.

Und so pflanzen sie heimlich, doch voller Geduld,
die Geschichten in Felder und Gärten.
Und hoffen, dass die Zeit der Ernte komme,
in der hoch gewachsne Bäume Früchte tragen,
Früchte mit Geschichten, Tausenden Geschichten.
Doch einer jener Bäume könnte allzu rasch
    gewachsen sein,
und in seinen Früchten wäre immer nur wieder
dieselbe Geschichte: Die wäre lang,
und darin würde sich alles
stets aufs Neue wiederholen.

(1998)

✦ ✦ ✦ ✦

Regentränen

Ziel bitte nicht mit mir auf Menschen, fleht das Gewehr
und versucht sich loszureißen. Lass mich! fährt die Hand
es an. Ich muss diese Demonstranten in die Luft jagen.
Aber das sind doch alles junge Leute! Schau dir die Kindergesichter
doch an. Und schließlich demonstrieren sie auch für deine Belange.
Du hast dich doch auch stets darüber beklagt, dass dein Sold nicht
ausreicht, dass du dich so plagen musst für jeden Mundvoll Reis.

Ziel bitte nicht mit mir auf Menschen! bettelt das Gewehr. Schweig,
hier geht es nicht um Menschen, schreit die Hand, hier geht's um Politik!
Ein, zwei Opfer, das ist Teil der Strategie. Aber jetzt geht's doch
ums Prinzip und nicht um Zahlen. Hier geht es um trauernde Mütter,
um Vernichtung von Leben, um die Zukunft unterdrückter Menschen.
Schweig, du bist nur ein Werkzeug, ein Mittel zum Zweck,

und das Recht auf eine Meinung hast du nicht. Ein solches Recht
haben nur die Volksvertreter, dort im Parlament.

Aber die denken doch nur an sich, entgegnet das Gewehr,
und du bist denen ganz egal, genauso wie die Demonstranten,
und für die Armen und die Unterdrückten haben diese Leute nie
etwas getan. Sie handeln nur im eigenen Interesse.
BUMM!
Das Gewehr fährt zusammen. Nein, tu es nicht!
BUMM ... BUMM ... BUMM ... Das wär's,

sagt die Hand. Musste das wirklich sein, stöhnt das Gewehr.
Ich weiß nicht, murmelt die Hand. Ich bin müde.
Ich muss mich ausruhen. Hoffentlich geht's meiner Frau
und meinen Kindern gut zu Hause.

Und das Gewehr verwandelt sich in eine Wolke. Und lässt
Tränen regnen. Und hört nicht mehr damit auf.

(1998)

✦ ✦ ✦ ✦

Demokratie der Dritten Welt

Du musst demokratisch sein! Jaja, schon gut,
aber zieh doch bitte die geballte Faust
von meiner Schläfe zurück. Du hast doch ...
Halt's Maul! Ob ich meine Faust balle,
in der Hosentasche verberge oder dir
damit auf die Nase schlage, ist allein meine Sache.
Werd du erst mal demokratisch!
Nur darum geht es hier, also um dich
und keinesfalls um mich.

Natürlich, ich bin einverstanden, und ich hab es doch
bereits versucht ... Schluss jetzt! Deine
Ausreden interessieren mich nicht. Jetzt
verschwende keine Zeit, denn ich befehle dir,
demokratisch zu sein. Basta! Und sei dir
über eins im Klaren: Die demokratischen Horden,
die ich mobilisiert habe, werden dich sonst
niedermachen und vernichten.
Also los, werd demokratisch!
Wehe dir, wenn nicht!

(1998)

✦ ✦ ✦ ✦

Auf der Mirabeau-Brücke

Unter dieser Brücke fließt die Liebe des Apollinaire,
und meine Sorgen fließen mit. Ich blicke in den blauen Himmel
und denke an die Rote Brücke in der Heimat.
Wer strich sie an mit der Farbe des Blutes?

Ich schau in meinen Pass. Auf seinen Seiten
seh ich die düster-bedrohlichen Spuren des Landes,
nach dem ich mich sehne,
voller Sorge, voller Leidenschaft,
dies Land trägt tiefe und versteckte Wunden.

Unter dieser Brücke fließt die Seine,
und in der Unrast meines Herzens fließt der Solo.
Jener Fluss, auf dem Leichen treiben, fließt immerfort
mit all dem immer wieder aufs Neue
an seinen Ufern vergossenen Blut.
Und bis hierher zu mir
dringt der Gestank davon.

Rote Brücke: Im indonesischen Unabhängigkeitskrieg als nationales Symbol viel besungene Brücke (Jembatan Merah) in der ostjavanischen Stadt Surabaya.
Solo: Fluss in Ostjava, Schauplatz der Unabhängigkeitskämpfe.

(1999)

✦ ✦ ✦ ✦

(*1962)

Celan

Im blutenden Herz der Geschichte
stieß ich auf Paul Celan. Er lehrte die Mutter
der Zeit und auch die Saat der Nacht zu gehen.
  Doch
hemmte die Zeit und die Nacht eine Flut schwarzer
  Milch.
Darin trieben leidvoll die Leichen von Frauen
mit aschenem Haar. Die Schärfe jener Axt,
das ist der Herzog der Leere!
Der vermählt den güldenen Tod mit liebenden
  Lippen,
die Leiche der Lust mit der Gruft allen Lachens,
die schlanken Hüften des Leids mit roten Wangen
  des Lebens,
er flicht sie zu Paaren,
so wie er das verwebt, was nicht dein Aug,
was auch nicht meines, auch nicht seines,
er fügt's aneinander im Flechtwerk des wehenden
  Tuches,
das düster ist, dunkel wie Mohn
und Gedächtnis.

Arme Mutter, die nicht heimkam,
die Stammverwandten sind verbrannt, sie haben
  ein Grab
in den Lüften, sie bohrten den Brunnen der
  Schmerzen
im Herzen der Erinnerung, darin die Schuld
in schwarze Milch sich wandelte, geschöpft von
  dem,
der übrigblieb, dem, der entkam
um Glückes willen. War es so schwer

Geretteter zu sein? War alles Leid
getilgt, als Leib geteilt
und Lust getauscht ward
mit jener schönen Geliebten,
der Nachfahrin der Bauern,
die auf Kummeräckern
Leiber pflanzten, Seelen jäteten.

Ein trauriger Vogel schwirrt einsam,
seine Flügel sind Erinnerung, aschen
und schwer, furchtsam flattert er,
hin und her, bald im Goldhaar der Geliebten,
bald in den langen aschenen Haaren
des toten Leibs der Mutter.
Haare, die fesseln: wie ein Fallstrick,
straff gespannt
bis hinein in jeden Grabeswinkel.

(1998)

✦ ✦ ✦ ✦

Trakl

Medinghoven in frostiger Nacht: Berthold und ich
backen im Übersetzerfeuer Angstgedichte:
einige zerglühen zu heißer Asche, andere
verwandeln sich in bunte Falter.

Leises Erwachen des Tages, Mond schmolz
und bitterer Schnee. Nur noch Nebelkälte und Niesel.
Im Zimmer schwebt noch verbotene Liebe, verruchte
Gier des Leibs, und schweben die Nächte der Schande,
die aus der Umnachtung alter Verse stiegen, schmerzlich
und zart. Darin ein wildes Leid wohnt,
moosüberwuchert, glühend und rot.
Der Jüngling, umnachtet, von Liebe
gegeißelt und Sünde: Mit der eigenen
Schwester Blut mischte er das seine.
Eiter floss durch seiner Adern Verse.
Sterne erglänzten über seiner stummen Trauer,
feurigen Engeln gleich,
die der purpurne Nachtwind zerstreute.
Aber es war niemand,
der die Hand auf seine Stirne gelegt hätte.
O Frucht der Wollust, von verkrüppelten Bäumen gefallen,
nirgendwo ist Frieden,
wenn Jetzt und Gestern wie ein Stachel sind,
der sein Gift hineinpumpt, immerfort,
ins purpurne Herz, ins Abendrot
des sündigen Jünglings, den Einsamkeit gesteinigt hat.

In Medinghoven: Berthold und ich,
meißeln, trunken und wund, zarte,
leichendüstere Psalmen. Verstört, beklommen,
tauchten wir ein in die finsteren Träume,
die umnachtete Seele des leidenden Jünglings,
seine Passion auf hohem Hügel der Wollust.

(2011)

✦ ✦ ✦ ✦

Dorothea Rosa Herliany

DOROTHEA ROS
(*1963) Vermähl
Messser _____ Ei
Bild ____ Aufzeic
auf weiß _____ I
pflanzte __ Ein R
aus _____ Verm
ohne Körper ___
Aus dem Tagebu

(*1963)

A HERLIANY
ng, scharf wie ein
surrealistisches
nungen, schwarz
er Baum, den ich
dio, ich schalt es
lung einer Hure
ie alte Stadt_____
der Ehe_____

Vermählung, scharf wie ein Messser

mich hat es verschlagen, ich weiß nicht wohin.
ich drehe mich im Kreise, wie in einem Labyrinth.
endlos lange Reise, ohne Karte, ohne Plan.
und diese Dunkelheit ist die vollkommenste.
ich ertaste den Pfad zwischen
Abhang und Fluss.

ein Seufzen, wie ein Lied. aus meinem Mund
vielleicht. ich hör ein Klagen, es klingt wie
eine Melodie. aus meinem Mund vielleicht.

doch dies ist das Land, dessen Anderssein
vollkommen ist: dein Körper ist mit Maden übersät.
das stört mich nicht. bis ich ein Ende setze
meiner Lust am Koitus, bevor ein Ende
ich auch dir bereite: ein Messer
stech ich in dein Herz, dein Glied
zerfetze ich, in tiefstem Schmerz.

(1992)

✦ ✦ ✦ ✦

Ein surrealistisches Bild

dir kristallisiert sich das Leben
in der erstarrten Zeit:
zwischen gebrochenen Körpern
die fühl- und sichtbar sind
ist kein Seelenband geknüpft.

mein Herz, das dunkelrote, ist nicht da
das sich am dunkelroten Himmel spiegelte
zwischen Tagen bleich von Tod
– dunkelrot –

ich betrauere mich selbst.
suche meinen Platz unter meinen Ahnen.
zähle die Gebete, die ich betete.
so hör das Geräusch in der Ferne!
eine Uhr mag plötzlich von der Wand gefallen sein
und gräbt sich in jungfräuliches Land.
Land, das unberührt von Schritten ist
verschont vom Mutwillen des Windes.

du trägst deinen Körper
irgendwohin. indes zählen die Finger
die Zeit auf der Stirn,
suchen Antwort auf die zügellosen Fragen,
die aus der Zunge der Zeit
überallhin sich verströmen.

wohin bringst du zuletzt die Blätter deines Herzens?
der Duft der Fäulnis lockt die Raupen,
sie werden keine Schmetterlinge sein.
denn ich kenne stets die Antwort.
nur auf jene Fragen nicht, die du
aufgetürmt hast in den Büchern,
aus denen keine Wahrheit fließt.

(1997)

✦ ✦ ✦ ✦

Aufzeichnungen, schwarz auf weiß

wenn du heimgehst, so nimm mit
diese kleine Welt
in dieser Kugel aus Kristall!

wenn es dir misslang
Genealogien und Geschichte aufzuzeichnen.
wenn, was du dachtest, betetest und hofftest,
ins Buch der Seele eingegangen ist.
wenn die Wahrheiten des Lebens
ausgebreitet sind im Leichentuch …

in Regalen stehen Bücher
der Stille und der Einsamkeit. verstreute Buchstaben
lesen sich selbst.

✦ ✦ ✦ ✦

*(*1963)*

Der Baum, den ich pflanzte

dem Baum, den ich in meinem Leibe pflanzte,
ist eine Frucht entwachsen: der Geliebte.
ich behüte ihn, nicht soll er auf den Boden fallen.
ich behüte ihn, bis Adam erneut zu einem Fötus wird,
von Neuem zu Gedanken, wirr und blutgetränkt

bis er erneut ein Klumpen wird in meinem Körper,
der auf den Boden fällt. um eingepflanzt zu werden.
aus dem dann Bäume sprießen.
die Früchte tragen: Verse von Gebeten.
welche fließen, immerdar.

✦ ✦ ✦ ✦

Ein Radio, ich schalt es aus

in deiner Brust, dereinst
werden Tränen sich drängen und Lieder. dann
wirst du Trost empfinden.

in deinem Hirn, dereinst
wird sich wer weiß was drängen. schon übervoll
ist jener enge Raum mit Plänen und mit Schicksalsschlägen.

auf allen Wellen hörst du
Lieder und Klagelitaneien. Viren gleich
und wimmelnden Raupen:
sie stutzen das Laub deiner Seele.

stets weben wir an Möglichkeiten:
dereinst, hinein in dein Hirn, in deine Brust,
in deinen Leib wirst du die toten Raupen pflanzen.
dereinst wirst du die Schmetterlinge ernten.

(*1963)

Vermählung einer Hure ohne Körper

du geleitest mich auf einen seltsam-fremden Hügel: Durchwanderung
der Sonne, die den Duft des Schweißes Golgathas verbreitet.
Tod und Auferstehung: verzückter Höhepunkt des Wegs
von Alphabet und Schrift.

»Jesus, du verzeichnetest die Wonnen von Suche und von Pilgerfahrt.
den Weg durch die Jahrhunderte zwischen Psalmen und Gebeten,
die nie gesprochen, nie gesungen wurden. auf der Karte suchte ich
die Richtung zu erkennen, sie verschwamm
auf der Fläche meiner Hand in den Worten der Propheten.«

eine Hure bin ich nur, habe keinen Himmel.
meinen Körper schleppe ich überallhin.
ich biete die Gesten der Leere an und die Märchen
von der Liebe. in einem Vers von Atem und von Schweiß.
Wölfe heulen. erfüllt von Hass und Rache ist die Nacht, ich
schaudere vor Angst vor wilden Tieren.

ich bringe dar mein Herz in sinnloser, verworrner
Liebe. allen Männern diene ich es an,
die den Wind in ihren Augen malen.

»Jesus, schenk mir neue wundersame Liebeswonnen
schenk mir Eruptionen und ein laut' Geknarr der Liegestatt.
schenk mir alles, was die Männer nicht besitzen.
doch schenk mir nicht das Himmelreich!«

ich kriech auf irgendwelchen Hügeln. alles verliert sich
in der Leere zwischen Wind und Wort. taucht unter
in gehauchten Engelsversen und dem Geläut von Glocken.
ich bin nur eine Hure, die nicht bereit ist, eine Tür zu suchen
oder das Geknarr von Bänken mitten im Gebet.

ich bin nur eine Hure und biete meine Sünden an, doch
halt ich sie verborgen unter Versen, welche nie gelesen wurden.
ich suche Äcker, pflüge Hügel. ich pflanze Schweiß und
Wundenpein, daraus erwächst ein Rosengarten.

ihr Männer in meinen Armen,
was stört mich euer Spott und Hohn!

+ + + +

Die alte Stadt

ich geh durch die Gassen der Stadt meiner Erinnerungen
die jetzt im Schrank gefaltet liegen. noch
hör ich den zitternden Sang
des Geliebten: den Rhythmus, der
am Bahnsteig klebenblieb, im
Ticken der Uhren an der Wand des Wartesaals.

noch höre ich
jene rufende Stimme. ruhend
auf staubbedecktem Tisch. noch vernehme ich
ihr süßes Locken, das mich immer wieder
trunken machte.

✦ ✦ ✦ ✦

Aus dem Tagebuch der Ehe

bei unsrer Heirat sprach ich nicht von Treue.
und mittlerweile tust du alles, was ich will.
ich baute meine Welt auf Felsenhügeln
und auf Steppengras: du pflügtest dieses Land
bis dass es fruchtbar war, ich erntete
in den Atemzügen meiner Lust.
Tausende von wilden Tieren halt ich mir
als Soldaten, die dich überwachen und dich jagen.
ich pflanze Bambus, daraus schnitze ich
spitze Speere, spitze Messer.

lauf, Mann, so weit dich deine Männerbeine tragen!
versteck dich in den Achselhöhlen deiner Mutter.
schau auf diesen sich räkelnden Körper und verstreue
weise deine Saat: lehre mich
ein türenloses Haus zu bauen. sperr
meine Unterwerfung ein, die du
in deiner Sprache liest.

doch nicht um treu zu sein, wurd ich dein Weib.
ich nehme mir das Recht, auf jedem Schlachtfeld
meinen Kampf zu führen. Truppen
von wilden Tieren führ ich an
die stets darauf versessen sind
dich auf dem Esstisch gierig zu betrachten.

doch jetzt umarm ich dich,
bevor ich meinen heißen Hunger stillen werde!

(2000)

✦ ✦ ✦ ✦

Brief an Lorena

hast du dieses Messer noch?
so wisch das Blut nicht ab. ich höre noch die süßen
Schmerzenslaute. alles hielt ich fest auf den Seiten
des Buches der Liebe. wir lasen es nächtens,
da kochte das Blut, es sprudelte, und unser Atem jagte.

du genossest die Ohnmacht.
wie einen Fisch, den du in deinem Schoße aufbewahrst.
der zappelt in der Wollust und den sanften, wundersamen
Lauten aus deinem offenen Mund.

hast du dieses Messer noch?
noch eh du deiner Wollust Gipfel hast erklommen
da wird's gezückt von Tausenden von Frauen,
die stechen's tief: hinein in den Balg, hinein
in jeden Klumpen Fleisch.

(2000)

✦ ✦ ✦ ✦

(*1963)

Wer schreitet auf dem Licht?

wer schreitet auf dem Licht?
aus ihrem Leib triefen Mantren und stumme Gebete.
ihre Fügel sind gebrochen, ihre Augen blind.
einer Ballerina gleich, so tanzt sie auf dem Wind.
ihr Leib singt die klagenden Lieder sterbender Kinder.
ihre spitzen Füße schlitzen welke Herzen
von Engeln und Feen.

wer schreitet auf dem Licht, hin zu den Zeigern der Zeit?
ihre Füße hüpfen von einem Leib zum anderen.
das sind die Leichenleiber von Millionen Toten.
ihr blindes Aug' schnitzt dunkle Verse.
ihr Herz ist stumm. ihr Atem stockt
doch wehn aus ihrem Mund die Düfte von Jasmin
und ihre wunden Flügel fächern Winde schmerzlichen
Verlangens zu.

sie schreitet auf dem Licht. ihr Mund ist stumm,
blind ist ihr Aug'. ihr Herz ist welk. wund sind die Flügel.
ihr Fuß ist lahm, ihr Atem stirbt …

(Washington, D.C., 2004)

✦ ✦ ✦ ✦

Sitok Srengenge

SITOK SRENG
Raum _ Kriegs
Osmose des U
Prometheus _
Du und du sel
Herbstes ___

(*1965)

ENGE (*1965)
tanz der Liebe
sprungs_____
__ Ein Gast__
st____Lied des
Wir werden__

Raum

Wir tauschten unsre Schlüssel
und haben beide sie verloren
In deinem Zimmer bin ich eingeschlossen
und du bist's in meinem

Wann werden wir uns wiedersehen?

(1987)

✦ ✦ ✦ ✦

*(*1965)*

Kriegstanz der Liebe

Eines deiner Haare
blieb zurück, am Knopf meines Hemdes
da hängt es

✦ ✦ ✦ ✦

Osmose des Ursprungs

Ich frag den Wind
woher die Träume stammen
Er rüttelt an Blättern
und ich seh die Bäume Jahresringe malen

Ich frag die Bäume
wann die Zeit begonnen hat
Sie öffnen ihre Knospen
und ich seh die Bienen daraus Honig saugen

Ich frag die Bienen
wie die Zellen meinen Körper bauen
Summend fliegen sie in eine Höhle
und ich seh die Fledermäuse Ohr an Ohr an Felsenwänden hängen

Ich frag die Fledermäuse
wo der erste Ton erklungen ist
Sie schwirren hinauf in den nächtlichen Himmel
und ich seh den Tau als Fluss herniederfließen

Ich frag den Fluss
wo die Milch entspringt
Er richtet Berge auf
und ich seh ein Tal im Wolkenkleid

Ich frag das Tal
woher Verbote stammen
Es legt die Kleider ab
und ich sehe den grazilen Tanz der nackten Erde

Ich frag die Erde
wer die erste Mutter einst gebar
Sie errötet, und ich höre die Antwort des Meeres:
»Alles sieht sie, doch sie kann nicht sprechen!«

Ich frag das Meer
wer es in sich aufgenommen hat
Da wallt es auf und liegt doch ausgetrocknet dar
noch bevor es einen NAMEN nennen kann

(1995)

✦ ✦ ✦ ✦

(*1965)

Prometheus

Ich fühlte deine Pein, Prometheus
als man auch mich zum Schweigen brachte
Noch hielt ich in Händen das lodernde Feuer
da floh schon die Wärme aus meinen Fingern
welche zitternd Verse formten
Lies! Und du wirst sie jammern hören
Die Bewohner jenes Inselreiches
Deren Tränen Schaum sind

Jetzt gieren die Flüsse wieder danach
in den Adern das Zucken des Blutes zu spüren
Und die Berge, die in Einsamkeit sich winden
verlangen nach der Wärme eines männlichen Leibs
Bald schon werden meine Worte
auf scharfe Klippen tropfen
Lies! Und danach wirst du vielleicht nicht mehr fragen
wessen Herz vom Licht durchdrungen ist

Der Himmel schwirrt, er sendet
das Kreischen von zehntausend Krähen
Wut dröhnt donnergleich
und nieder geht ein Bajonettenregen
schlägt Wunden in das Herz, das eine neue Zeit ausruft
sein Blut, das fließt in meine Verse

(1997)

✦ ✦ ✦ ✦

Ein Gast

Einst wird einer zu dir kommen
dir etwas geben, was einmal dein Eigen war

Vielleicht wird er kommen
zum Drittel der Nacht
wird nicht an deine Türe klopfen
und plötzlich unerwartet vor dir stehen
derweil du gerade niemandem
an jenem Ort begegnen willst

Einst wird einer dich verlassen
dir etwas nehmen, was niemals dein Eigen war

Längst hat er dich gewarnt
doch du scheinst dich nicht darum zu kümmern
vergräbst dich lieber weiter unter den Krümeln der Zeit
und meinst, du könntest dadurch Ewigkeit erlangen

Vielleicht wird er kommen
zur Stunde des Dämmers
und keine Schranke wird ihn hindern
derweil du gerade auch nicht einen Teil
von dir selbst verlieren willst

(1999)

✦ ✦ ✦ ✦

Du und du selbst

Am Anfang deines Traumes wachte jemand auf,
kroch leise zur Bettkante, küsste deine Stirn
– ganz sanft, um dich im Schlafe nicht zu stören – und flüsterte:

»Ruh dich nur aus, ich bleibe wach, solang du schläfst.
Träum von all dem, was mir geschieht.«

Mithilfe deines Bewusstseins blieb er wach,
ließ seine eignen Träume schweifen
durch die stillen Gefilde, als Mond.

Am Ende deines Traumes wollte jemand schlafen,
ging auf Zehenspitzen zur Bettkante, massierte deine Füße
– ganz sanft, um dich nicht zu erschrecken – und raunte:

»Wach auf, jetzt bin ich an der Reihe auszuruhen,
du darfst jetzt tun, was du willst. Dein Glück, dein Leid,
dein ganzes Sein werden in meine Träume eingehen.«

Er verscheuchte den Mond und legte sich nieder,
ließ sein eigenes Bewusstsein wandern
den Horizont entlang, als Sonne.

(1999)

Lied des Herbstes

Des Todes Schatten knien auf welken Blättern
die wiegt ein Meereswind, dann fallen sie, du sagst »als Herbst«

Ein zartes, wehmütiges Stöhnen hallt aus deinen Lippen
und die Pracht des Waldes dorrt im Schmerz der Sehnsucht

Der Berge, Täler und der toten Stämme schwerer Atem
senken Schmerz in uns, die wir uns lieben

So rastlos wie die Sinne, so unumstößlich wie das Wort
so unstet wie die Herzen, die verwoben sind in Leid und Lust

Das Echo davon hallt in der Caldera unsres Herzens wider
sanft wie ein Lied und donnernd wie die Schreie in der Schlacht

In eine Spalte der düsteren Seelen streut der Himmel Puder aus Licht
und des Todes Schatten verblassen im schwindenden Dunkel

Jahreszeit hat meinem Schweiße Kraft verliehen im Geschlecht der Zeit
damit er bald zu Schleim aus Schnee gedeihe

und des Frühlings Leibesfrucht im Schoß gefallner Zweige netze
Lust entfache in der Tränke deines entrindeten Leibs

(2001)

✦ ✦ ✦ ✦

(*1965)

Ich las deinen Leib

In dieser absoluten Stille las ich deinen Leib
all die Zeichen, die die Zeit in dich gestochen hat
ich hoffte, das Wort »Geliebter« zu finden

Vergib mir, denn ich stellte mir dich vor
als jemanden, der Sehnsucht fühlen kann
sobald du das vermagst, werd ich dich beim Namen nennen

(2004)

✦ ✦ ✦ ✦

Liebe niederschreiben

Du batest mich, Liebe niederzuschreiben
Doch ich wusste die Buchstaben nicht
Das ganze Alphabet durchsuchte ich
Fand nur verstümmelte Wörter

Bitte mich nicht wieder, Liebe niederzuschreiben
Du weißt doch, meine Buchstaben
Reichen nicht einmal für deinen Namen

Denn Liebe bist du, und aussprechen kann ich sie nur
Mit dem Pochen meines Blutes

(2004)

✦ ✦ ✦ ✦

*(*1965)*

Wir werden

Wir werden das Bett miteinander teilen, nicht wahr?
Ich suchte lange Zeit in deinem Körper,
wir trafen uns nicht.

Vielleicht war das, was ich für dich hielt, nicht du.
Jede Berührung war schmerzhaft,
du erkanntest mich nicht.

Wir werden
ein Grab miteinander teilen,
nicht wahr?

(2004)

Jamal D. Rahman

JAMAL D. RAHMAN
Ein Geschenk zum
Steine werden imm
Wogen verhieß jene
jener Pforte ___ Sö
An der kargen Steil
vermag nicht, den S
___O Blau, das meine
schleudert ___ U
dann am Mast des
unsre Tränen werd

(*1967)

(*1967)
Geburtstag_____Die
r ewiger_____Nur
Mündung_____An
ne des Tabaks_____
vand____Die Wunde
merz aufzunehmen
Seele auf den Boden
d Weihrauch duftet
ters_____Selbst
n dann verbrennen

Ein Geschenk zum Geburtstag

Für Abdul Hadi W.M.

Öffne das Tor eines Berges und schleudere die Wüste
in sein Inneres. Die Wogen des Feuers und die Klüfte der Seele,
wie weit sind sie entfernt? Wir messen den Atem,
ein jeder für sich, und in den Lüften legen wir ein Messband aus,
bis hin zu rastlosen Planeten. Immer schwerer
wird der Regen, immer schwerer wird das feuchte Laub.
Das Meer schreitet voran und lässt das Blau zurück,
lässt zurück die Wellen und die Riffe, auch die Fische,
welche hin und wieder ein Gedicht verschlingen.

Schleudere die Wüste von dir. Dann tauch ein in die steilsten Tiefen
der Seele. Die Gebete aufzulesen, die auf jenen Berg dort fallen,
dazu komme ich nicht mehr. Immer schwerer wird die Sonne.

Es ist zu kalt, um die Wetter zu deuten. Nur in spärlichen Flocken
fällt noch der Schnee. Die Vögel sollen mein Bekenntnis sein:
Attar, Attar, nimm die Nester dieser Vögel an, nimm sie an
mit den Lobgesängen jenes Berges und der Gottesfurcht der Wüste.

Über der Kaaba werd' ich deiner harren
und dich mit mir nehmen mit entflammtem Herzen.

Abdul Hadi W.M.: indonesischer Lyriker (geb. 1946). Gilt als bedeutender Vertreter der *puisi sufi*, der »sufistischen Lyrik«.
Fariduddin Attar: islamischer Mystiker und persischer Dichter (1136-1220). Zu seinen bedeutendsten Werken gehört das Epos *Mantiq ut-tair* (Die Vogelgespräche). Darin wird die Geschichte von dreißig Vögeln erzählt, die eine Reise zum König der Vögel unternehmen. Letztendlich erkennen die Vögel – im Sinne einer mystischen Erfahrung – in diesem König ihr eigenes Wesen beziehungsweise ihre Identität.

(1989)

✦ ✦ ✦ ✦

*(*1967)*

Die Steine werden immer ewiger

Wunden Leibes schmier ich Blut an jene Wand
und lasse den Himmel Worte darüber verlieren.
Soll er doch lästern und lachen.

Ich spüre: Die Steine werden immer ewiger. Denn eingraviert in sie
sind mein Zorn und Überdruss. Aller Sinn der Liebe ward verschüttet
und des Himmels Hass. Angerufen wurden Donner
und die Nacht ward aufgeweckt. Sterne sanken herab
als nieselnder Regen aus Tränen. Lautlos flossen sie dahin.

(1990)

✦ ✦ ✦ ✦

Nur Wogen verhieß jene Mündung

Vom Aufrechtstehen müde ließ ich meine Tränen selbst entscheiden,
wohin sie fließen wollten. Doch als ich auf der Mole zu mir kam,
sah ich deine blauen Augen, sah die Sterne,
verwandelt in die Tropfen eines Nieselregens.

Außen tobte der Wind. Deine Sehnsucht war ein Sturm geworden.
Da reiht ich meine Meeresnächte nicht aneinander.
Nur Wogen verhieß jene Mündung, doch ich selbst
hatte aufwühlen müssen das Meer.

(1990)

✦ ✦ ✦ ✦

An jener Pforte

Nicht mehr erkenn ich den Dschungel aus Regen, der so üppig
an jener Pforte gedeiht. Immer dichter wird der Nebel durch mein Sehnen,
so dass ich deine Spuren nur erahnen kann im Wind,
der meines Schlafes Zelt zerfetzte.

Fern sind nun deine Spuren. Doch gemeinsam
mit dem Regen an der Pforte brülle ich und stöhne,
wie des Regens Linien, die auf der Leinwand unterbrochen sind,
wie die Steine, die sich mühn, mein Elend tapfer zu ertragen.

(1993)

✦ ✦ ✦ ✦

Söhne des Tabaks

An die Tabakbauern auf der Insel Madura

wir sind Söhne des Tabaks
wuchsen zwischen Steinen auf
unser Atem riecht nach Dürre und Zigarrenrauch

wenn wir uns umarmen
so umarmen wir uns mit den Armen der Dürre
wenn wir uns küssen
so küssen wir uns im Geruch des Tabaks

der Himmel unsres Dorfes stürzte tausend Male ein
doch wir weinten nicht
denn unsre Haut war immer noch braun
so braun wie die Erde
in der wir nach unseren Tränen gruben

der Himmel unsres Dorfes stürzte tausend Male ein
doch wir gaben nicht auf

an jedem Tabakblatt
deuten wir die Maserungen unsres Lebens
und an jeden Tabakstrauch
knüpfen wir die Fasern unserer Gebete

(2000)

✦ ✦ ✦ ✦

(*1967)

An der kargen Steilwand

Wie viele Jahreszeiten
sind an dieser kargen Steilwand schon vorbeigezogen?

Dein Weinen trocknete dort. Es verdorrte,
barst. Darin war ein Klumpen Gebet:

Du meißelst meine Steine,
doch die Kummer zertrümmerst du nicht,
du gräbst in meinem Weinen,
doch Tränen lässt du keine fließen.

(2000)

✦ ✦ ✦ ✦

Die Wunde vermag nicht, den Schmerz aufzunehmen

Wir, im siedenden Blei,
sind Blasen, platzen auf dem Grund der Lava.
Wir versuchen standzuhalten in flammender Brust,
im geschundenen Sein.

Die Wunde, so tief wie mein Vers,
nicht länger vermag sie, den Schmerz zu ertragen.

Mutter, o Mutter.

(2000)

✦ ✦ ✦ ✦

(*1967)

O Blau, das meine Seele auf den Boden schleudert

Ist denn die Schlucht der Zeit, die der Himmel ausgegraben hat, so tief?
Allzu vieles musste dort begraben werden. Doch die Erinnerungen
müssen weiterwehen. Auf dass deine Seele aufrecht stehe wie ein Mast,
auf dass sie an den Himmel rühre und in den Höhen zeige,
dass du noch manchen Erdensturm entfachen wirst.

Du ritztest Sterne in mein Herz, da blaute es. Und Unrast
tropfte auf des Messers Spitze. Es sah dich an mit stummem Schmerz.

Wie tief noch wird der Himmel graben in der Schlucht der Zeit?
Sind denn das Blau des Himmels und des Meeres
Und das Blau meines Herzens nicht tief genug
für die Erdenstürme und des Messers Unrast?

O Blau, das meinem Herzem Frieden schenkt.
O Blau, das meine Seele auf den Boden schleudert.

(2002)

✦ ✦ ✦ ✦

Und Weihrauch duftet dann am Mast des Alters

Und so brichst du auf, mit den Spuren der Sehnsucht am Segel des Regens. Du willst die Sehnsucht in die Brust der Fische rammen. Du umarmst das Tosen der Winde, auf dass schweige die Zeit im Gewölbe der See. Doch da ist nichts, das du zum Schweigen bringen könntest. Die Wellen türmen sich, die Sterne wanken. Und mit vom Sturm zerfetzter Brust lässt du noch immer weiter des Regens Segel flattern. Doch schließlich flatterst du selbst als ein Segel aus Tränen, lässt zurück die Spuren der Sehnsucht im Weihrauchboot.

Duft von Weihrauch. Duft von Blumen und Gebeten. Weht dann auch am Mast des Alters. Und dort flatterst du, immer weiter, lässt es zu, dass ich ganz allein an die Planke jenes Bootes plätschere.

(2003)

✦ ✦ ✦ ✦

(*1967)

Selbst unsre Tränen werden dann verbrennen

In unsrem Land, da fließen nur die Feuerflüsse noch geschwind. Und wir segeln darauf mit Schiffen aus Feuer. Rudern mit Rudern aus Feuer. Setzen Segel aus Feuer. Schlafen eingehüllt in Decken aus Feuer. Und wenn auch in der Ferne ein Feuersegel weht, dann fühlen wir, dass nichts mehr ist, was wir verlassen könnten. Dass nichts mehr ist, nach dem zu sehnen sich noch lohnte. Nur die Trümmer des Grabsteins bleiben zurück, Staub von Erinnerungen, der an Lanzen haftet, die aus dem Schlund des Todes ragen.

Wir versuchen, die Tränen zu kochen im trüben, nicht siedefähigen Wasser. Um die Stille aufs Neue zur Reife zu bringen, bis der Topf entflammt. Doch dann werden selbst unsre Tränen verbrennen. Und wenn dies geschehen ist, dann strahlen vom Mond und der Sonne hernieder nur noch Tränen aus Feuer …

(2003)

✦ ✦ ✦ ✦

Nenden Lilis Aisyah

NENDEN LILIS A
Die Schritte vor
Gedicht
Verzaubertes La
unbekannten We
Feuersbrunst in
Das Flussbett vo
Spāherin
Gedicht über ei
Vorbote des Tod

(*1971)

ISYAH (*1971)
meinem Zimmer
ber Türen_____
d__Sie ging den
ş_____Wie eine
einem Wald_____
ler Steine___Die
ightmare_____
Haus_____Der
s_____

Die Schritte vor meinem Zimmer

wer schreitet auf und ab vor meinem Zimmer
und tut's in jeder Nacht
es ist, als ob der niemals schläft, als ob der mich bewacht
und seine dumpfen Schritte klingen auf, eh' sie verhallen
als wehe sie der Wind herbei und wieder fort
in meiner Seele aber hinterlassen diese Schritte Spuren
und immer wieder möchte ich nach draußen schauen
die Türe öffnen, auf dass meine Seele ihm begegne
(ich empfinde große Scham,
denn allzu lang schon habe ich ihn nicht hereingebeten)

(1995)

✦ ✦ ✦ ✦

Gedicht über Türen

irgendwann einmal wird irgendeiner
erkennen, dass wir selbst die Türen sind von Häusern
einst, wenn die Fensterscheiben immer trüber werden
die Mauern rissig sind und Gäste Einlass sich verschaffen

wie wild die Winde sind, die voller Wut
ihr Spiel mit diesen Türen treiben
bis dass sie knarren, stöhnen, wimmern
im Hin und Her von Offen und Geschlossen

(1995)

✦ ✦ ✦ ✦

Verzaubertes Land

die Winde weichen und die Lichter zucken
es steigt die Zeit herab, dem Wundersamen zu begegnen
still ist es ringsumher, und Einsamkeit
schlägt in der Dunkelheit die dumpfe Trommel

das Land, in dem ich lebe, ward ein Traumgespinst
wie weit entfernt es ist! Ein Schatten, eine Illusion

wohin ich meine Schritte lenke, weiß ich nicht
ich folge nicht den Stimmen

dies ist das Nichts, der ew'ge Raum der Leere
der Ort, an welchem alles schwindet

(1997)

✦ ✦ ✦ ✦

(*1971)

Sie ging den unbekannten Weg

andre gingen diesen Weg nicht mehr
doch sie tat's und harrte
harrte immer weiter darauf, dass vielleicht
jemand käme, sie zum Ziele zu begleiten

unter nebelschwerem Sichelmond
wurde sie von einer blassen Fernsprechzelle angestarrt
doch ein Ferngespräch hatte nie sie führen wollen
und sie harrte frierend, stumm war ihr Gesicht

(eines Tages faulte eine Leiche dort
und man wusste nicht und wollt auch gar nicht wissen
wessen Leiche dies wohl war)

(1997)

✦ ✦ ✦ ✦

Wie eine Feuersbrunst in einem Wald

An M.N.

wir waren uns begegnet, einst
zu einer Zeit, als alles frisch war, fruchtbar, grün
ich weiß noch, wie du lächeltest
und meine Schulter so bedeutungsvoll berührtest
ja, wir waren uns begegnet, wurden Liebende
doch dein Gesicht, das mir so klar vor Augen steht
taucht jetzt aus einem bösen Traum auf und aus Furcht
weißt du, dass mich in dieser welken Zeit
nach deiner Stimme Klang verlangt
ein Sehnen ist's, viel schmerzlicher als Reue:
und diese Nacht wird immer dunkler, unerklärlicher
ob der schrillen langen Schreie der Einsamkeit in meiner Seele
ich erhoffe und doch fürchte ich
erneut mit dir vereint zu sein, denn jedes Mal
wenn ich deiner gedenke
bist du wie eine Feuersbrunst in einem Wald
deren Rauch noch in die Augen ferner Städter dringt

(1997)

✦ ✦ ✦ ✦

(*1971)

Das Flussbett voller Steine

fast nichts besaß ich mehr in meinem Leibe
doch gruben ihn die Bauern um, als sei er Erde
wir werden säen, riefen sie

dann erschienst du, meine Brust brachst du auf
nach deinem reinen Blute dürstet's mich, hört' ich dich zischeln

ich sagte dir:
in meiner Brust blieb nur ein Flussbett voller Steine übrig
da fließt nichts mehr

»Steine? Steine dürfen's auch sein«
und plötzlich strittest du dich mit den Bauern um die Steine
»was wir jetzt brauchen, sind ja Steine!«

und so nahm man mir die Steine
das Einz'ge, was ich noch besaß

(2000)

✦ ✦ ✦ ✦

Die Späherin

du hast den Endpunkt schon erreicht
ich schaff es nicht dorthin
denn immer wieder kehre ich zurück zu jenem Haus
späh durch das Fenster und erblicke
das angeschmutzte Tischtuch und das Glas
mit dem schalen Kaffee

doch möcht ich diesen Kaffee trinken
und dabei in vergilbten Erinnerungen blättern

Augen suchen
die auf mich gerichtet sind

doch dann verwehrt mir immer wieder voller Hast den Eintritt
jene Schwache, Wirres faselnd, Geifer rinnt aus ihrem Mund
sie befiehlt mir, dir zu folgen. Zu jenem Endpunkt hin

(2000)

✦ ✦ ✦ ✦

Nightmare

»geh heim!«
und so gehe ich heim
glätte vorher noch eilig mein Kleid
kämme hastig noch mein wirres Haar
in meinem Herzen wohnen Hurenleid und
Hurenschmerz
die Finsternis weist mir den Weg, er endet blind
so zwingt sie mich auf einen Pfad, der steinig ist
und als der Pfad sich gabelt, bleib ich stehen
vor einem niemals vollendeten Haus
einem Gerippe aus Mauern und verbeultem Blech
im schmalen Garten zwischen morschen Zäunen
steht irgendein Baum, schwer ist sein Blattwerk und
wüst wie ein vom Wahn Befallener, der auf Werweißwas wartet
im brüchigen Mauerwerk aus Ziegelsteinen
hängen noch die Splitter einer Fensterscheibe
darin das wunde Antlitz einer Sünderin sich spiegelt
die Luft ist voll bitteren Staubes
und auf dem morschen Stuhl im Inneren des Hauses
harrt ein alter, kranker, zänkischer Mann
o, Zeit, halt inne, damit ich mich nicht hier ergeben muss

(2000)

+ + + +

Gedicht über ein Haus

immer enger wird uns dieses Haus
darin sind wir alle verloren
und können einander nicht retten

nach rotem Farbstoff riecht es in den Räumen
doch blau angelaufen sind die Fingernägel

immer spitzer die Gesichter
immer schmaler jede Brust

blass die Münder
immer hustend
haben längst vergessen, dass sie einmal sangen

da kommt der alte Hausbesitzer
nicht, um uns zu besuchen
er kommt, uns zu vertreiben

(2001-2002)

✦ ✦ ✦ ✦

Der Vorbote
des Todes

du bringst uns die Musik der Stürme
welche Hagelkörner gegen Fensterscheiben schleudern
du bringst uns die Musik
des Knarrens stürzender Bäume

und die tosenden Winde werfen zu Boden
den, der hungert, den, der keine Heimat hat
die Luft ist jener Wasserleiche gleich
die man an der Brücke fand

das Grinsen des Himmels ist kalt wie der Vorbote des Todes
und du, ein Gekränkter
verbirgst dich dahinter

lugst hervor in deiner Geiergier
und dein verbeulter Schnabel ist auf Beute aus

(2000)

✦ ✦ ✦ ✦

Nachwort des Übersetzers

Dass diese Anthologie moderner indonesischer Lyrik in dem Jahr erscheinen kann, in welchem Indonesien Ehrengast der Frankfurter Buchmesse ist, erfüllt mich mit großer Freude. Auch und insbesondere deshalb, weil somit die Hoffnung besteht, dass indonesische Lyrik in diesem Jahr vielleicht erstmals wirklich wahrgenommen wird. Seit Jahrzehnten habe ich darauf vergeblich gewartet.

In den 1980er Jahren begann ich damit, indonesische Gedichte ins Deutsche zu übertragen. Ich veröffentlichte die Übertragungen in der von mir herausgegebenen Zeitschrift *Orientierungen*, zudem in verschiedenen Anthologien. Das Echo auf diese Veröffentlichungen war gering.

Gerne habe ich für vorliegende Anthologie nahezu alle deutschen Übertragungen indonesischer Gedichte zur Verfügung gestellt, die ich in den letzten Jahren und Jahrzehnten anfertigt habe. Bei der Auswahl der Dichter und deren Gedichte habe ich mich stets von indonesischen Lyrikern beraten lassen. Früher von dem 2006 verstorbenen Ramadhan K.H., seit einigen Jahren von Agus R. Sarjono, der auch dazu bereit war, diese Anthologie gemeinsam mit mir herauszugeben. Die Mitwirkung meiner beiden Freunde hat sicherlich wesentlich dazu beigetragen, dass die vorliegende Sammlung indonesischer Gedichte repräsentativen Charakter hat.

»Der Übersetzer ist der Dichter des Dichters.« Diese Worte von Novalis beschreiben auf treffendste Weise das Handwerk des Übersetzers von Gedichten, dem es darum geht, dass in der Sprache, in welche er übersetzt, ein sprachliches Kunstwerk (neu) entsteht. Dichter des Dichters zu sein, ist ein hehres und gleichermaßen schwer zu erreichendes Ziel, ihm fühle ich mich verpflichtet. Und deshalb möchte ich meine Übersetzungen gerne Nachdichtungen nennen (dürfen).

Die indonesischen Gedichte dieser Anthologie sind in malaiischer Sprache verfasst, jener alten Kultur- und Literatursprache, die seit vielen Jahrhunderten das interethnische Kommunikationsmittel im indonesischen Archipel darstellt und die spätestens seit 1945, dem Jahr der indonesischen Unabhängigkeitsproklamation, als *Bahasa Indonesia*, als »Sprache (des Staates) Indonesien« bezeichnet wird.

Man hat das Malaiische als »das Italienisch des Ostens« bezeichnet, sicherlich wegen seines Klangs beziehungsweise der Dominanz der Vokale in malaiischen Wörtern. Sein Wesen ist damit natürlich nicht hinreichend beschrieben. Das Besondere dieser nicht flektierenden Sprache ist der ambige Charakter auf semantischer Ebene, der nicht zuletzt daraus resultiert, dass in der Regel darauf verzichtet wird, Kategorien wie Tempus, Modus, Genus etc. kenntlich zu machen. So kann der Satz *Ibu datang* grundsätzlich Folgendes bedeuten: Eine Frau/die Frau/Frauen kommt/kommen oder kam/kamen oder wird/werden kommen oder würde/würden kommen. Weitere Bedeutungen sind nicht ausgeschlossen, denn *ibu* kann auch »Mutter« bedeuten und *datang* »ankommen«. *Ibu datang* könnte also auch übersetzt werden mit: »Mutter ist angekommen.« Und da *ibu* auch als Personal- und Possessivpronomen der 2. Person Singular eingesetzt werden kann, könnte der Satz zudem bedeuten: »Mutter, du kommst.«

Dieses Beispiel lässt erahnen, vor welch großen Problemen der Übersetzer aus dem Malaio-Indonesischen steht, dass diese bereits bei dem Versuch beginnen, einen indonesischen Satz zu deuten. Und die Deutung des Übersetzers wird das sein, was er in die Zielsprache überträgt. Nicht entkommen wird er dabei dem Dilemma, dass er den offenen semantischen Charakter des Indonesischen einengen muss, denn er kann nicht umhin, das im indonesischen Text implizit Enthaltene im Deutschen explizit zu formulieren. Wenn Sprachen »inkompatibel« sind, dann weist das Sprachenpaar Indonesisch-Deutsch einen besonders hohen Grad von Inkompatibilität auf.

Hier war noch nicht die Rede von der Übertragbarkeit der poetischen Form indonesischer Gedichte. Auch dabei steht der Übersetzer des Indonesischen vor größeren Herausforderungen als seine Kollegen, die aus europäischen Sprachen übersetzen. Denn die sprachlichen Mittel, die einem indonesischen Gedicht poetischen Gehalt verleihen, sind andere als z.B. im Deutschen. Und so wird der Übersetzer sie im Deutschen durch andere sprachlich-poetische Mittel ersetzen müssen.

Der Weg, den ein indonesisches Gedicht gehen muss, bis es in einem deutschsprachigen Äquivalent ankommt, ist also ein besonders schwieriger, auch ein risikoreicher. Und dennoch: Es ist ein gangbarer Weg, auch ein legitimer. Das indonesische Gedicht im Deutschen kann wie eine Melodie sein, die jetzt nicht mehr auf der Violine, sondern auf der Bratsche oder sogar auf dem Klavier gespielt wird. Richtig gespielt, bleibt sie unverändert.

Dass dies bei meinen Nachdichtungen indonesischer Lyrik so ist, hoffe ich sehr.

Berthold Damshäuser
Jakarta im August 2015

Anmerkungen zu den Lyrikerinnen und Lyrikern

AMIR HAMZAH (1911-1946) ist der bedeutendste moderne indonesische Lyriker der ersten Hälfte des 20. Jahrhunderts. Der gebürtige Malaie steht für den Übergang von der klassischen malaiischen Dichtung zur modernen indonesischen Lyrik und gilt als »letzter malaiischer Dichter«. Sein rund fünfzig Gedichte umfassendes schmales Werk ist formal durch die Verwendung von Metrum und Reim gekennzeichnet. In thematischer Hinsicht steht es in der Tradition sufistischer Dichtung, die von der islamischen Mystik inspiriert ist. Amir Hamzah spielte eine führende Rolle in den literarischen Zirkeln der 1930er Jahre und war Mitbegründer der Zeitschrift *Poedjangga Baroe* (Der Neue Dichter), des ersten indonesischen Literaturmagazins.

TRISNO SUMARDJO (1916-1969) war einer der vielseitigsten indonesischen Künstler. Er hat nicht nur ein umfangreiches literarisches Werk hinterlassen, sondern war auch Maler, Kunstkritiker und Übersetzer, unter anderem von zehn Schauspielen Shakespeares. Als engagierter Verfechter des »Universalen Humanismus« und Gegner des Kommunismus war Trisno lange Jahre den Angriffen marxistisch orientierter Schriftsteller, zum Beispiel Pramoedya Ananta Toers, ausgesetzt. Trisnos lyrisches Werk, das mehr als zweihundert Gedichte umfasst, ist thematisch sehr vielschichtig. Zu den dominanten Themen gehört der in der modernen indonesischen Literatur häufig dargestellte Konflikt zwischen Stadt und Land, zwischen Tradition und Moderne, zwischen östlicher und westlicher Kultur.

CHAIRIL ANWAR (1922-1949) gilt vielen als bedeutendster indonesischer Lyriker des 20. Jahrhunderts. Chairils in den 1940er Jahren entstandenes lyrisches Werk war für die Entwicklung der modernen indonesischen Literatur von größter Bedeutung, weil darin der endgültige Bruch mit der traditionellen Dichtung vollzogen wird. Chairil verzichtet in seinen Gedichten auf konventionelle Stilmittel; seine Lyrik wirkt durch die assoziative Kraft ungewöhnlicher Wortkombinationen, die nicht selten gegen die Normen der indonesischen Sprache verstoßen. Paradigmatische Bedeutung für Chairils Werk und die moderne indonesische Literatur insgesamt hat das berühmte Gedicht »Ich« durch das darin enthaltene und radikal formulierte Bekenntnis zum Individualismus, einer Haltung, die in der kollektiv-orientierten Gesellschaft Indonesiens kaum toleriert wurde.

SITOR SITUMORANG (1923-2014) ist der nach Chairil Anwar wichtigste Lyriker der »Schriftstellergeneration von 1945«. Namentlich sein frühes, in den fünfziger Jahren entstandenes Werk verdient aufgrund seiner Qualität und Thematik besondere Aufmerksamkeit. Signifikant für Sitors Werk ist das zentrale und vielfach variierte Motiv des verlorenen Sohnes als Sinnbild für das Schicksal des modernen indonesischen Menschen, welcher unter dem Einfluss des Westens Gefahr läuft, sich seiner eigenen Kultur mehr und mehr zu entfremden. Sitor, der Jahrzehnte lang in Europa gelebt hat, war in 1950er und 1960er Jahren überzeugter Sozialist und entschiedener Anhänger Sukarnos. Nach der politischen Wende im Jahre 1965 war Sitor sieben Jahre lang in Haft. In seinen späten Werken setzte er sich mit seinem eigenen regionalkulturellen Hintergrund, der Batak-Kultur, auseinander.

SUBAGIO SASTROWARDOYO (1924-1995) betrat die literarische Bühne in den späten 1950er Jahren. Die erste Gedichtsammlung des aus Zentraljava stammenden Lyrikers und Literaturkritikers erschien 1957. Subagios Gedichte gelten als intellektualistisch, vermutlich durch ihren philosophischen Gehalt. Er vertrat die Auffassung, dass »Dichtung Philosophie sein muss, die der Persönlichkeit des Menschen entspringt und das Ergebnis seiner körperlichen und geistigen Erfahrungen darstellt«. In seinen Gedichten verwendet Subagio Symbole und Motive aus dem Christentum, dem Islam und der javanischen Mythologie. Dominante Themen seines Werks sind Einsamkeit, körperliche Liebe, die Ungewissheit über das eigene Schicksal und der Tod. Ein weiteres Thema sind Reflexionen über Dichtung, wofür die in der vorliegenden Anthologie vorgestellten Gedichte »Worte« und »Geburt eines Gedichts« Beispiele sind.

RAMADHAN K.H. (1927-2006) ist der Verfasser des wohl berühmtesten Gedichtzyklus der modernen indonesischen Lyrik. Das in die vorliegende Anthologie vollständig aufgenommene Werk erschien 1958 unter dem Titel *Priangan Si Jelita* (Priangan, herrliches Land). In diesem Zyklus besingt Ramadhan in poetischen Kurzversen die landschaftliche Schönheit seiner Heimatregion Priangan in Westjava und schildert gleichzeitig die durch Islamisten ausgelösten bürgerkriegsähnlichen Zustände in den 1950er Jahren. Ramadhan hat mehrere Jahre in Deutschland gelebt und gemeinsam mit Berthold Damshäuser eine Reihe von Anthologien mit Übersetzungen deutscher und indonesischer Lyrik herausgegeben. Ramadhan, der auch Romancier war, hat zudem eine Reihe von Biographien verfasst, darunter die des früheren indonesischen Staatspräsidenten Suharto.

TOTO SUDARTO BACHTIAR (1929-2007) kann keiner literarischen Gruppe oder Schriftstellergeneration eindeutig zugeordnet werden. Totos Beitrag zur modernen indonesischen Lyrik besteht aus zwei in den 1950er Jahren erschienenen Gedichtsammlungen. Seine symbolistischen Gedichte gehören wegen der Thematik, aber auch wegen der innovativen, die semantischen Beziehungen zwischen den Wörtern oftmals sprengenden Sprache zu den schwierigsten Texten der indonesischen Lyrik. Toto, dessen Bedeutung gemeinhin unterschätzt wird, gehörte zweifellos zu den begabtesten indonesischen Lyrikern, und es ist zu bedauern, dass seine lyrische Stimme früh verstummte.

TOETI HERATY (*1933) ist eine der wichtigsten weiblichen Stimmen der modernen indonesischen Lyrik. Die in Bandung (Westjava) geborene Professorin für Philosophie wurde in den siebziger Jahren durch ihre feministische Lyrik bekannt und gilt als Wegbereiterin des indonesischen Feminismus. In ihren Gedichten geht es immer wieder um die untergeordnete und abhängige Position der Frau innerhalb der indonesischen Gesellschaft. Dabei wird die Kritik an diesem Zustand nie aggressiv oder anklagend geäußert, sondern auf ironische oder selbstironische Weise. Die Begründerin des feministischen Journals *Jurnal Perempuan* lebt heute in Jakarta und leitet dort auch eine sehr bekannte Kunstgalerie.

RENDRA (1935-2009) war eine der bedeutendsten Künstlerpersönlichkeiten Indonesiens. Als Lyriker, Dramatiker, Schauspieler und Regisseur hatte er größten Einfluss auf die kulturelle Szene seines Landes. Zu seinen spektakulären Gedichtlesungen kamen nicht selten Tausende von Zuhörern. Wie es heißt, war der auch international anerkannte Rendra in den achtziger Jahren Kandidat für den Literaturnobelpreis. Zur Zeit des autoritären Systems unter Präsident Suharto war er wegen seiner scharfen Kritik an den politischen und gesellschaftlichen Verhältnissen mehrfach in Haft, seine Werke wurden zeitweise Opfer der Zensur. Eine Sammlung mit deutschen Übersetzungen seiner Gedichte erschien 1991 unter dem Titel *Weltliche Gesänge und Pamphlete*. In der vorliegenden Anthologie werden drei Balladen aus den siebziger Jahren vorgestellt, darunter die berühmte »Predigt«, die vor dem Hintergrund der Kritik des zum Islam konvertierten Rendras an der katholischen Amtskirche entstanden ist.

TAUFIQ ISMAIL (*1935) ist der bekannteste lebende Schriftsteller des Landes. Viele Jahre lang moderierte der im Minangkabau-Gebiet auf Sumatra geborene Taufiq ein Programm zu kulturellen Themen im indonesischen Fernsehen. Er ist einer der bedeutendsten Vertreter der »Generation von 1966«, die insbesondere durch ihre antikommunistische Haltung gekennzeichnet war. Er wurde als politischer Lyriker bekannt und entwickelte das Groteske zum Stilmittel seiner politischen Gedichte. In den letzten beiden Jahrzehnten hat Taufiq mehr und mehr Gedichte religiösen, speziell islamischen Inhalts verfasst. Taufiq, der zu produktivsten indonesischen Lyrikern gehört, bezeichnet den Islam als »Atem« seines Dichtens. Er ist Mitbegründer von *Horison*, der wichtigsten indonesischen Literaturzeitschrift, die er bis heute leitet.

WING KARJO (1937-2002) war Romanist, hatte in Frankreich studiert und sich intensiv mit französischer Literatur und Philosophie auseinandergesetzt. In den Gedichten des in Westjava geborenen Lyrikers, die häufig sogar französische Titel tragen, wird dies stellenweise sehr deutlich. Die für die vorliegende Anthologie ausgewählten Gedichte Wing Kardjos stammen aus der Mitte der siebziger Jahre. In diesen melancholischen Gedichten wird der Mensch als ein an seiner Existenz leidendes Wesen dargestellt, dessen Leid sich im Naturgeschehen widerspiegelt. Der Reiz der Gedichte Wing Kardjos liegt in der expressiven Sprache und der darin spürbaren Aufrichtigkeit des Dichters.

AJIP ROSIDI (*1938) gilt als bedeutendster indonesischer Lyriker sundanesischer Herkunft. Ajip hat die literarische Szene Mitte der fünfziger Jahre betreten und gehört seitdem zu den prominentesten indonesischen Schriftstellern. Auch als Literaturkritiker machte er sich einen Namen. Im Jahre 1960 proklamierte er die Schriftstellergeneration Angkatan Terbaru (Die Neueste Schriftstellergeneration), die sich seiner Auffassung nach dadurch auszeichnete, dass man die jeweilige Regionalkultur als primäre Quelle der Inspiration ansah. In Ajips eigenen Werken, Gedichten und Kurzgeschichten ist der sundanesische, also westjavanische Hintergrund häufig spürbar. Bis heute setzt sich Ajip für die Bewahrung und Förderung der sundanesischen Sprache und Literatur ein, gründete dafür eine Stiftung, die auch einen Preis für literarische Werke in sundanesischer Sprache vergibt.

SAPARDI DJOKO DAMONO (*1940) ist Lyriker und literarischer Übersetzer. Der emeritierte Professor für Literatur der Indonesia-Universität in Jakarta gehört zu den populärsten indonesischen Lyrikern. Seine in Indonesien als »imagistisch« bezeichnete Lyrik, die nicht selten den Charakter lyrischer Prosa aufweist, wurde von vielen indonesischen Dichtern nachgeahmt. Seine Gedichte evozieren Stimmungen, es sind Texte, in denen das scheinbar Banale poetisiert und verdichtet wird. Im Vorwort zu einer seiner Gedichtsammlungen schreibt er, dass »die Wörter die Imagination unterstützen und den Leser mit der Welt der Intuition des Dichters verbinden.« Kürzlich erschien unter dem Titel *Irgendwo in meinen Adern* eine von Berthold Damshäuser herausgegebene Sammlung seiner Gedichte und Kurzgeschichten.

GOENAWAN MOHAMAD (*1941) ist einer der führenden Intellektuellen Indonesiens. Der Lyriker und Essayist ist Mitbegründer des indonesischen Nachrichtenmagazins Tempo, war lange dessen Chefredakteur. Bis heute erscheint dort seine wöchentliche Kolumne »Catatan Pinggir« (Randnotiz). Eine Auswahl seiner Kolumnen in deutscher Übersetzung erschien 1993 unter dem Titel Am Rande bemerkt beim Horlemann-Verlag. Goenawan ist die führende Figur der Künstlergemeinschaft Salihara, die im Süden Jakartas das gleichnamige Kulturzentrum errichtet hat. Er ist Leiter des indonesischen Organisationskomitees zur Vorbereitung des indonesischen Auftritts als Ehrengast der Frankfurter Buchmesse 2015. Beim regiospectra Verlag erschien kürzlich seine Aphorismensammlung *Von Gott und anderen unvollendeten Dingen. 99 Notizen über Glauben und Grausamkeit*.

SUTARDJI CALZOUM BACHRI (*1941) ist einer bedeutendsten Innovatoren der modernen indonesischen Lyrik. Er wurde in den siebziger Jahren bekannt durch sein »poetisches Kredo«, in dem er dazu aufforderte, »die Wörter von der Last der Bedeutung« zu befreien. Seine Lyrik fand in Indonesien zahlreiche Nachahmer. Als Ausdruck der Bewunderung wurde er als »Präsident der indonesischen Dichter« bezeichnet. Lange Jahre war er Redakteur der indonesischen Literaturzeitschrift Horison und betreute die Lyrik-Rubrik der indonesischen Tageszeitung Kompas. Eine größere Auswahl seiner Gedichte erschien – neben zwei seiner Kurzgeschichten – im Jahre 2003 in der Zeitschrift *Orientierungen*.

DARMANTO YATMAN (*1942) ist emeritierter Professor für Psychologie. Als Lyriker wurde der aus Zentraljava stammende Darmanto Ende der 1960er Jahre bekannt. Sein javanischer Hintergrund wird in seinen Gedichten auch auf sprachlicher Ebene deutlich. In seinen frühen Gedichten findet man ganze Sätze in javanischer Sprache, so dass die Texte von Nichtjavanern kaum zu verstehen sind. Neben das Indonesische und Javanische tritt gelegentlich auch noch das Englische als weitere Sprache, so dass es sich dann sogar um trilinguale Texte handelt. Von Darmantos Gedichten geht wegen der teilweise skurrilen Phantasie des Autors eine große Faszination aus.

ABDUL HADI W.M. (1946) ist Professor für Orientalische Philosophie an der Paramadina-Universität in Jakarta. Nicht zuletzt durch seine eigenen Gedichte hat der auf Madura geborene Lyriker in den 1980er Jahren die sogenannte *puisi sufi* (sufistische Lyrik) wiederbelebt, die in Indonesien bis heute ein bedeutendes literarisches Genre darstellt. Die in diese Anthologie aufgenommenen Gedichte »Herr, wir sind uns so nah« und »Aus dem letzten Fragment des Syeh Siti Jenar« gehören zu den bekanntesten modernen *puisi sufi*. Abdul Hadi ist auch ein sehr produktiver literarischer Übersetzer, insbesondere von arabischer und persischer Lyrik. Auch Goethes *Faust* wurde von ihm ins Indonesische übertragen.

HAMID JABBAR (1949-2004) ist in Indonesien vor allem durch seine politische Lyrik bekannt geworden, die sich immer wieder auch durch beißende Ironie und parodistische Elemente auszeichnet. Er war Sekretär des Rates für Kunst der Stadt Jakarta und langjähriges Mitglied der Redaktion der Literaturzeitschrift Horison. Er zählte zu den besten indonesischen Rezitatoren, seine öffentlichen Lesungen lockten stets ein großes Publikum an.

AFRIZAL MALNA (*1957) ist einer der wichtigsten zeitgenössischen indonesischen Lyriker und Essayisten. Seine hermetische und prosaische Lyrik, mit der er zum Ende der 1980er Jahre bekannt wurde, war innovativ und fand viele Nachahmer. 2014/15 war er Gast des DAAD-Künstlerprogramms und lebte in Berlin. Neue deutsche Übersetzungen von Gedichten Afrizal Malnas erschienen Anfang 2015 unter dem Titel *druckmaschine drittmensch*. In den 1990er Jahren engagierte Malna sich in der Aktivistengruppe *Urban Poor Consortium*.

ACEP ZAMZAM NOOR (*1960) ist Lyriker und Maler. Er schreibt Gedichte nicht nur in indonesischer Sprache, sondern auch in seiner Muttersprache Sundanesisch, der Regionalsprache seiner westjavanischen Heimat. Seine Lyrik ist von thematischer Vielfalt gekennzeichnet, religiöse (sufistische) Gedichte stehen neben erotischen. Er betätigt sich gesellschaftspolitisch, zum Beispiel durch die Gründung der Bewegung *Islam, tapi mesra* (Islam, aber mit Liebe).

NIRWAN DEWANTO (*1961) ist Lyriker, Essayist und Kunstkurator. Sein Werdegang als Lyriker begann Mitte der 1990er Jahre, mittlerweile hat er mehrere

Gedichtsammlungen veröffentlicht. Er schreibt außerdem Texte für Jazzmusik und indonesische Keroncong-Musik. Für die Tageszeitung Koran Tempo betreut er die wöchentliche Literaturrubrik. Er ist Mitbegründer der Künstlergemeinschaft Salihara, die in Jakarta ein Kulturzentrum errichtet hat. Seit einigen Jahren betätigt Nirwan sich auch als Filmschauspieler.

SONI FARID MAULANA (*1962) gehört zu den produktivsten Lyrikern seiner Generation. Sein schriftstellerischer Werdegang begann Mitte der achtziger Jahre, seine erste Gedichtsammlung Matahari Berkabut (Die Sonne trauert) erschien im Jahre 1989, darauf folgten nahezu jährlich weitere Sammlungen. In die vorliegende Anthologie wurden Gedichte aus der frühen Schaffensperiode Sonis aufgenommen, die sich durch eine religiös-islamische Thematik auszeichnen. Mit diesen teilweise sufistischen Gedichten knüpft er an Abdul Hadi W.M. an, den er als einen seiner »Lehrer« bezeichnet.

JOKO PINURBO (*1962) gilt spätestens seit der Publikation seiner ersten Gedichtsammlung Celana (Die Hose) im Jahre 1999 als einer der bedeutendsten Vertreter der jüngeren Generation indonesischer Lyriker. Die prosaische Lyrik des Katholiken ist nicht selten durch grotesken Humor gekennzeichnet. Dominante Themen seines insbesondere bei jungen Lesern sehr beliebten Werks sind (katholische) Religion und moderne Gesellschaft. Joko Pinurbo lebt in Yogyakarta (Zentraljava) und ist Mitarbeiter der dort erscheinenden Kulturzeitschrift Basis.

AGUS R. SARJONO (*1962) ist Lyriker, Verfasser von Schauspielen, Literaturkritiker und Literaturübersetzer. Von 2003 bis 2006 war er Programmdirektor des »Rates für Kunst« der Stadt Jakarta. Gemeinsam mit Berthold Damshäuser ist er Herausgeber der »Seri Puisi Jerman« (Reihe deutscher Lyrik in indonesischer Übersetzung). Er ist zudem Herausgeber des Lyrikmagazins Jurnal Sajak und einer Zeitschrift für Literaturkritik (Jurnal Kritik). Eine Sammlung seiner Gedichte in deutscher Übersetzung erschien 2002 beim Galrev-Verlag Berlin unter dem Titel Frische Knochen aus Banyuwangi. Er hat Deutschland viele Male besucht, war unter anderem writer in residence im Heinrich-Böll-Haus in Langenbroich sowie im Künstlerhaus Schloss Wiepersdorf in Brandenburg. Unter dem Titel Gestatten, mein Name ist Trübsinn erschien beim regiospectra Verlag kürzlich eine weitere Gedichtsammlung von Agus Sarjono in deutscher Übersetzung.

DOROTHEA ROSA HERLIANY (*1963) gilt als wichtigste indonesische Lyrikerin der Gegenwart. Dominante Themen ihrer Gedichte sind Weiblichkeit und die Situation von (indonesischen) Frauen. Im Jahre 2014 war sie Gast des DAAD-Künstlerprogramms und lebte ein Jahr in Berlin. Im Januar 2015 erschien ihr erster Roman Isinga Papua (Die Frauen Papuas), in dem sie sich mit der Lage der melanesischen Minderheit in Indonesien auseinandersetzt. Deutsche Übersetzungen ihrer Gedichte sind im Jahre 2009 unter dem Titel Schenk mir alles, was die Männer nicht besitzen erschienen. Kürzlich erschien unter dem Titel Hochzeit der Messer eine weitere Gedichtsammlung von Dorothea Rosa Herliany, und zwar mit Nachdichtungen der deutschen Lyrikerinnen Brigitte Oleschinski und Ulrike Draesner.

SITOK SRENGENGE (*1965) gehört zu den profiliertesten zeitgenössischen indonesischen Lyrikern. Der in Zentraljava geborene Sitok betrat die literarische Szene in den frühen 1990er Jahren. Seine Lyrik zeichnet sich in besonderem Maße durch Rhythmus und Reim (insbesondere Binnenreim) aus und unterscheidet sich insofern deutlich von dem prosaischen Charakter der Gedichte vieler seiner Zeitgenossen. Viele Jahre war Sitok Mitglied der Künstlergemeinschaft Utan Kayu in Jakarta. Zudem war er als Kurator für die Bereiche Literatur und Theater am Kulturzentrum Salihara tätig. 2013 legte er alle Funktionen dort nieder.

JAMAL D. RAHMAN (*1967) ist einer der führenden und einflussreichsten indonesischen Literaturkritiker. Der aus Madura stammende Lyriker ist Chefredakteur der Literaturmagazine *Horison* und *Jurnal Sajak*. Jamal D. Rahman repräsentiert den Typus des indonesischen Intellektuellen, der aus den Kreisen des traditionellen und moderaten indonesischen Islam hervorgegangen ist. Als Lyriker steht er in der Tradition der *puisi sufi*, der sufistischen Lyrik. Jamal D. Rahman ist zudem einer der führenden Essayisten Indonesiens.

NENDEN LILIS AISYAH (*1971) ist Literaturwissenschaftlerin an der Pädagogischen Hochschule in Bandung. Sie ist Redakteurin des Kurzgeschichtenmagazins *Jurnal Cerpen* und des Lyrikmagazins *Jurnal Puisi*. Als Lyrikerin hat sie sich in den neunziger Jahren einen Namen gemacht. In ihren Gedichten werden vielfältige Themen, darunter Weiblichkeit, auf sensible Weise dargestellt.

Anmerkungen zum Übersetzer

BERTHOLD DAMSHÄUSER (*1957) lehrt seit 1986 indonesische Sprache und Literatur an der Universität Bonn und ist Herausgeber von *Orientierungen – Zeitschrift zur Kultur Asiens* und mehreren Anthologien moderner indonesischer Lyrik, u.a. von *Gebt mir Indonesien zurück!* (1994). Gemeinsam mit Agus R. Sarjono ist er Herausgeber und Übersetzer der »Seri Puisi Jerman« (Reihe deutscher Lyrik in indonesischer Übersetzung) und betätigt sich als Redakteur des indonesischen Literaturmagazins *Jurnal Sajak*. Berthold Damshäuser ist zudem Mitglied des Nationalen Indonesischen Komitees zur Vorbereitung des indonesischen Auftritts als Ehrengast der Frankfurter Buchmesse 2015. Bei regiospectra erschien kürzlich das von ihm mitherausgegebene Buch *Wege nach – und mit – Indonesien*.

17.000 ISLANDS OF IMAGINATION

Sonderedition anlässlich des Ehrengastauftrittes Indonesiens
bei der Frankfurter Buchmesse 2015

Copyright der Sonderedition
© 2015 regiospectra Verlag Berlin

Umschlaggestaltung und Layout:
Edith Sutanto, Emir Hakim
Printed in Germany

Originalausgabe:
Sprachfeuer. Eine Anthologie moderner indonesischer Lyrik.
Herausgegeben von Berthold Damshäuser und Agus R. Sarjono
Aus dem Indonesischen von Berthold Damshäuser
ISBN 978-3-940132-74-1
Copyright der Originalausgabe
© 2015 regiospectra Verlag Berlin

www.regiospectra.de